.

Diálogos intertextuales 6: *The Lion King / El Rey León*

Ana Pereira Rodríguez / Lourdes Lorenzo García (eds.)

Diálogos intertextuales 6:
The Lion King / El Rey León

Estudios de literatura infantil y juvenil alemana e inglesa: trasvases semióticos

PETER LANG
EDITION

Bibliographic Information published by the Deutsche Nationalbibliothek
The Deutsche Nationalbibliothek lists this publication
in the Deutsche Nationalbibliografie; detailed bibliographic
data is available in the internet at http://dnb.d-nb.de.

Library of Congress Cataloging-in-Publication Data
Diálogos intertextuales, 6 : The lion king = El rey león : estudios de
literatura infantil y juvenil alemana e inglesa : trasvases semióticos /
Ana Pereira Rodríguez, Lourdes Lorenzo García (eds.).
p. cm.
Includes bibliographical references.
ISBN 978-3-631-62218-6
1. Lion King (Motion picture) 2. Children's literature, English—History
and criticism. 3. Children's literature, German—History and criticism. I.
Pereira Rodríguez, Ana, editor of compilation. II. Lorenzo García, Lourdes,
editor of compilation.
PN1997.L5884D53 2014
791.43'72—dc23
2014003313

ISBN 978-3-631-62218-6 (Print)
E-ISBN 978-3-653-04187-3 (E-Book)
DOI 10.3726/978-3-653-04187-3

© Peter Lang GmbH
Internationaler Verlag der Wissenschaften
Frankfurt am Main 2014
All rights reserved.
Peter Lang Edition is an Imprint of Peter Lang GmbH.

Peter Lang – Frankfurt am Main · Bern · Bruxelles · New York ·
Oxford · Warszawa · Wien

www.peterlang.com

Índice

Introducción

Ana Pereira Rodríguez (pereira@uvigo.es)
Lourdes Lorenzo García (llorenzo@uvigo.es)
Universidade de Vigo

El volumen que se presenta a continuación forma parte de uno de los proyectos de investigación que lleva a cabo, con ayuda del Ministerio de Educación y Ciencia y de la Xunta de Galicia, el grupo "Literatura infantil y juvenil y su traducción" de la Universidad de Vigo, constituido por investigadores de las áreas de Filología y del área de Traducción e Interpretación. El proyecto, titulado "Transformación funcional de la literatura infantil y juvenil en la sociedad multimedia. Aplicación de un modelo teórico de crítica a las adaptaciones audiovisuales en español de las obras infantiles inglesas y alemanas", tiene un doble objetivo: por una parte, analizar cómo se adaptaron obras de literatura inglesa y alemana al medio audiovisual y cómo los filmes ingleses y alemanes se trasvasaron al español peninsular y, por otra, estudiar la calidad de los libros infantiles – y de sus traducciones al español –, que surgen a partir de estos productos audiovisuales (véase Kenfel, 2008 para una explicación en detalle del corpus y período sincrónico del proyecto).

El análisis de las adaptaciones audiovisuales incluye tanto criterios técnicos (sincronías, cohesión y coherencia entre la narración verbal y la audiovisual) como traductológicos (errores de traducción, trasvase de referencias culturales, registros, idiolectos, etc.), y el estudio de los libros derivados se lleva a cabo siguiendo criterios literarios (temática, estructura de la narración, léxico y sintaxis apropiados al receptor prototipo, registros adecuados, etc.) y traductológicos, en el caso de los análisis de las traducciones de estos productos.

Los resultados obtenidos hasta la fecha confirman la intuición que teníamos sobre cuál constituiría la principal complejidad del proyecto, a saber, la interrelación de diferentes líneas de investigación en el ámbito de los estudios de cine, la filología y la traducción. Los logros obtenidos nos permiten afirmar que nunca antes se había alcanzado un grado tan alto de interacción entre investigadores de estos tres campos, todos ellos centrados en el estudio del género infantil y juvenil en las combinaciones lingüísticas inglés-español y alemán-español. Creemos que el presente proyecto abre, así, la puerta a investigaciones multidisciplinares que ponen sus herramientas teórico-metodológicas al servicio de la literatura infantil y juvenil en sus nuevos formatos audiovisuales, que tan atractivos resultan para los niños. Sería deseable, también, que en un futuro se trabajen otros sistemas lingüístico-culturales (francés, italiano, portugués, gallego…).

Las adaptaciones audiovisuales y sus productos derivados

En las adaptaciones fílmicas que hemos analizado hasta el momento (*Pocahontas* y *Bambi*), y también en la que nos ocupa en este estudio (*El Rey León*), hemos observado que, además de los objetivos de educar, formar y, sobre todo, entretener[1], se transmite lo que algunos han dado en llamar "la ideología Disney", que no es más que "un reflejo de la ideología dominante de la cultura que los produce, a saber: blanca, protestante, anglosajona, patriarcal y heterosexual" (Pérez Pico, 2009: 115). Sin embargo, no podemos olvidar que muchos de los cambios que se producen con respecto a las fuentes en las que se basan los filmes Disney han de ser explicados por el cambio del medio literario al audiovisual y por el objetivo predominante de entretener y acostumbrar al público a un nuevo lenguaje de narración animada (Ibíd.).

Pocahontas (Gabriel y Goldberg, 1995), la historia de amor ambientada en la colonización de América del Norte, es la primera película de la compañía Disney que se basa en acontecimientos y personajes reales. Para ello, se investiga el período en el que se desarrolla la acción, se envía un grupo de creativos a Jamestown (Virginia) para que conozcan el lugar en el que acontece la historia, se habla con historiadores americanos nativos y se estudian las fuentes documentales (Becerra Suárez, 2008: 60). Éstas incluyen la primera parte de la novela de Garnett (1932), los textos de John Smith (1624), la leyenda de la bella Pocahontas, así como información oral tomada de los indios de Virginia, de ahí que no podamos hablar estrictamente de adaptación de un discurso literario a audiovisual sino más bien de un guión fruto de la combinación de una serie de fuentes (Ibíd. 64).

En su novela, Garnett se proclama fiel a los acontecimientos y personajes reales y cuenta el proceso de colonización inglesa, en el que los europeos son

---

[1] Los fines didáctico y de entretenimiento han estado desde siempre, con mayor o menor peso según las épocas, en la teoría y en la crítica de la literatura infantil y juvenil (cfr. Vázquez Freire (1990), Ruzicka et al. (1995) o Nikolajeva (1996) al respecto).

los intrusos, seres codiciosos y bárbaros, y los indios nobles pero destinados a ser colonizados sin remedio (Vázquez García, 2008: 30 y ss.). Cuando John Smith está a punto de ser ejecutado, la niña Pocahontas, de tan solo nueve años, se interpone entre su cuerpo y los verdugos y pide a su padre que lo salve y lo considere su futuro marido. El jefe Powhatan salva a Smith, lo adopta y lo envía a Jamestown, ante el disgusto de Pocahontas, para que sirva de enlace entre los colonos y los indios. Garnett presenta a Smith como un hombre agresivo, partidario de usar la fuerza inglesa contra los colonizados y preocupado por conseguir, por cualquier método, lo mejor para los colonizadores ingleses. Pronto los indios se dan cuenta de las verdaderas intenciones de Smith y Powhatan ordena asesinarle, pero Pocahontas traiciona a su pueblo por amor y le avisa. Al cabo de un tiempo y herido de muerte, Smith vuelve a Inglaterra. Pocahontas es raptada por los ingleses, aprende a leer y escribir, conoce a John Rolfe, un colono que ha perdido a su mujer e hija durante la travesía, se casa con él, tiene un hijo y viaja a Inglaterra para quedarse; allí se encuentra con Smith, al que Garnett presenta como un hombre acabado (Ibíd.).

En la película y libros de Disney, la niña de nueve años se convierte en una jovencita huérfana de madre y de curvas escandalosas (se dice que los dibujantes se inspiraron en la modelo Naomi Campbell para su creación[2]); el colonizador bajito, de hombros anchos, corpulento y peludo que retrata Garnett se convierte en un muchacho alto, lampiño y atlético, un héroe en toda regla digno de ser el objeto de amor de cualquier princesa; el amor no correspondido se transforma en una maravillosa historia romántica… Nos encontramos, así, con la dulcificación propia de los productos Disney, que busca presentar a los niños historias felices que, aun conteniendo algunos episodios dramáticos o de tensión, siempre acaban bien.

Hay muchos otros aspectos en los que película y libro se alejan de los acontecimientos reales: el desarrollo temporal de la trama (Smith explora los alrededores tan pronto atraca su barco cuando, en realidad, fue detenido durante la travesía y no desembarcó hasta pasados treinta días), Lord Ratcliffe nunca fue comandante de la flota y esta no estaba constituida por un barco sino por tres, Percy era un importante colono y no la mascota de Ratcliffe, la estética de los indios, la armadura de John Smith que semeja la que llevaban los españoles, etc. (Becerra Suárez, 2008: 60–64).

---

2   http://www.mundodisney.net/peliculas/pocahontas/; http://www.fanpop.com/spots/disney-princess/picks/show/781965; http://tepasmas.com/curiosidades/pocahontas

Mientras la novela de Garnett deja entrever una crítica a la sociedad inglesa de la época, los guionistas de Disney se centran en mostrar una sociedad occidental mercantil y violenta que abusa y explota la naturaleza, en contraposición con los indios, que viven en armonía con ella y la respetan (Ibíd.: 65).

Como todas las heroínas de Disney (desde las más sumisas, como Blancanieves o la Bella Durmiente, hasta las más emancipadas, como Ariel o Esmeralda), Pocahontas representa el estereotipo de modelo de mujer ortodoxo y canónicamente establecido: la joven india es capaz de sacrificar todo lo que tiene, incluso de traicionar a su pueblo, por conseguir el amor del joven blanco del que está prendada.

Asimismo, el producto de la compañía Disney que nos ocupa transmite la idea de que solo el dinero consigue hacer medrar y cambiar de clase y, aunque hay una sutil crítica a la colonización, presenta a ambos bandos violentos por igual, planteamiento que supone una manipulación del receptor infantil, ya que le proporciona una visión histórica cuando menos deformada y alejada de la realidad, que no es otra que los colonos invaden a los indios, mientras que estos solo son responsables de defender su tierra y su vida (Ibíd.: 68–70).

Lo único en lo que *Pocahontas* se aleja con respecto a la norma general es que su final no es todo lo feliz a lo que nos acostumbran los productos de la compañía estadounidense: su amado no muere e ingleses e indios se relacionan de modo pacífico, pero se queda sola con los suyos, se supone que por fidelidad a la verdad histórica (Ibíd.: 67–68) o porque este final deja abierta la puerta a una segunda parte.

Pocahontas fue muy criticada por su visión falseada de la historia y por el hecho de que el público al que se dirige considerará el relato de Disney como verdadero y se verá influenciado por los valores ideológicos que lleva implícitos y explícitos. En esta misma línea están otros largometrajes de Disney como *Pinocho*; en él se reinterpreta la historia del muñeco de madera creado por Collodi en 1881 pero desprovista de episodios considerados por los guionistas excesivamente crudos para los niños[3].

---

3   Esta dulcificación criticada por algunos y abrazada por muchos queda patente en las palabras de Powers (2012): "Although the story of the puppet-boy is part of our modern mythology, like Peter Pan or The Wizard of Oz, I soon realized that I didn't have a clue what was in the 1881 original. Everything I knew about Pinocchio had come from the 1939 Disney cartoon that I saw as a kid and still love today. [...] Gepetto isn't a kindly old man – he's hot-tempered and grindingly poor. There is a talking cricket, but it's not named Jiminy, doesn't wear a top hat, and gets squished by Pinocchio

Por su parte, *Bambi. Eine Lebensgeschichte aus dem Walde* es la historia que hará famoso a Salten (1923), cuando en 1942 The Walt Disney Company estrena la película basada en ella: *Bambi* (Hand). Barsanti (2009: 24, 25 y 28) asegura que, de las palabras del propio Salten y de las interpretaciones que los distintos estudiosos llevan a cabo de su obra, se deduce que el público al que se dirigía este autor en su complejo libro era, sin duda, adulto.

La obra de Salten, además de una novela de aprendizaje, plantea "grandes temas como la vida y la muerte, el sufrimiento, la supervivencia, las desigualdades, los peligros, el amor, la autosuficiencia, la relación de los animales con el hombre y, sobre todo la soledad" (Ibíd.: 26). Estructurada en torno a las estaciones, Corvo (2009: 75 y 76) la resume como sigue:

> El protagonista nace y la madre nos lo presenta como Bambi [...] le promete que, si es listo [...] algún día será mayor y entonces estará con su padre y llegará a ser tan fuerte y bello como él; presencia al cazador y experimenta temor; Faline cuenta quién es y cómo vive el viejo príncipe y Bambi conoce a sus parientes mayores, los ciervos; toma consciencia de que la vida es difícil y está llena de peligros, así como que él sabrá aprender a soportar lo que la suya le depare [...] con el invierno llegan la necesidad y la pobreza y Bambi conoce el frío y la nieve, así como la opinión que del hombre tienen otros corzos [...] llega el hielo y llega el hombre, y, con él, la persecución y la muerte y Bambi pierde a su madre; Bambi crece recordando con nostalgia el verano anterior, haciendo frente a nuevas experiencias y aprendiendo las nuevas reglas sociales entre los machos [...] llega el verano y, tras su enfrentamiento contra Ronno, comienza una nueva etapa feliz junto a Faline; intercambio mental de ideas entre Bambi y el ciervo como reflejo de la incomunicación entre los miembros de una misma familia; el viejo príncipe le advierte de la trampa que le tiende el hombre al imitar la voz de Faline; reencuentro con Gobo; con su relato Gobo aparece como un pobre desgraciado a ojos del viejo príncipe; Gobo y Marena emprenden una vida juntos; Bambi cree la verdad que encierra la acusación que el viejo corzo le hiciera a Gobo, a pesar de no llegar a entender su significado; Gobo, que duerme por la noche y vive de día, lleva una vida distinta al resto, confía en su amistad con el hombre y muere; en el río, el zorro mata al pato y el viejo príncipe, al librar a la liebre de la trampa, le advierte a Bambi del peligro que representa el cazador aunque no esté en el bosque; Bambi es herido y su padre se lo lleva para no volver nunca más a la parte

---

12 pages in when it tries to give him advice. [...] Which was one reason Disney had so much trouble turning Pinocchio into a movie. "People know the story," Uncle Walt said, "but they don't like the character." And so his team set about making Pinocchio likable – drawing him less as a wooden puppet than as a jerky little boy and giving him an intrinsic innocence. [...] The movie was too dark for a country faced with the Depression and World War II."

conocida del bosque; sigue creciendo y cada vez se va pareciendo a su padre física y mentalmente, por su cornamenta y porque ya ha aprendido a soportar la soledad y a vencer la añoranza por los suyos; con la nieve vuelven las cacerías y el enfrentamiento entre el perro y el zorro le desvela a Bambi que la mayoría de los animales cree, como el perro, que el hombre es todopoderoso, lo que les obliga a vivir llenos de temor y de odio; tras la visión del cadáver de un cazador, Bambi comprende que es otro el que está por encima de todos y su padre se despide de él; finalmente llega el verano de nuevo y Bambi, en su papel de viejo príncipe, se acerca por primera vez a sus hijos.

Si la novela hubiera acabado, como el filme de Disney, en el momento en que Bambi es dichoso con Faline, se podría concebir esta obra de Salten como un cuento con final feliz, pero sigue y se desarrolla, en palabras de Corvo (Ibíd.: 79), en un relato de temática seria, en una vida llena de encuentros y despedidas que desemboca en una existencia solitaria y alejada del poder destructor del hombre.

El *Bambi* de Salten llegó a Disney a través de la primera traducción que de esta obra se realizó al inglés: *Bambi. A life in the Woods* (Chambers, 1928). El tema del filme, como nos recuerda Pérez (2009: 124 y 125) es que la "vida (…) es maravillosa y peligrosa, hermosa y dolorosa, y, pese a la inevitable presencia de la muerte, forma parte de un ciclo que no tiene fin". La película se aleja deliberadamente de la complejidad de la novela de Salten: de las disquisiciones filosóficas sobre la naturaleza y el paso del tiempo, de la falta de acción, se añaden personajes que no existían en la novela (Tambor y Flor), se simplifica la historia y se da énfasis a la acción de la narración, que puede resumirse como sigue (Ibíd. 127 y 128): nacimiento (comienzo y presentación), la pradera (el entorno), el otoño (crecimiento), el invierno (sufrimiento y muerte), la primavera (juventud y amor), el hombre en el bosque (destrucción) y la familia de Bambi (regeneración). Todo termina como empieza, lo que, sin duda, nos recuerda el argumento del filme que nos ocupa en este volumen, *El Rey León*, y que se estrenará cincuenta años después. Pérez (Ibíd. 146) concluye su análisis de la adaptación que Disney hizo de la novela de Salten de la siguiente forma:

La ideología Disney y la cultura norteamericana de los años 30 se encargaron de transformar el argumento original de Salten, cargado de melancolía y reflexiones sobre diferentes tipos humanos a través de las caracterizaciones de los animales y, sobre todo, de alusiones filosóficas y religiosas, en un sencillo relato episódico de estructura circular que alude al ciclo eterno de regeneración de la naturaleza. Pese a considerar necesario incluir la muerte de la madre de Bambi, Disney y su equipo se ocuparon de evitar cualquier otra mención a los aspectos más sombríos de la novela original, tales como el impulso depredador que provoca en los animales del bosque el invierno y la consecuente falta de alimento, el malestar y desequilibrio que resulta de la más mínima intervención del hombre en la vida del bosque, o la profunda soledad que rodea la vida de Bambi adulto. El inevitable *happy ending* [...] hace referencia al optimismo de la época, pero también a la filosofía propia de Walt Disney [...] Bambi, por tanto, afronta los terribles obstáculos que la vida en el bosque plantea – y es importante recordar que en esta versión de la historia la única causa de sufrimiento de los animales es el hombre –, pero el final del discurso introduce una nota innegablemente optimista, con el nacimiento de los cervatillos y la repetición del tema musical principal de la banda sonora.

Dejando a un lado aspectos ideológicos, creemos que el paso del sistema semiótico literario al audiovisual y, sobre todo, el receptor prototipo al que van destinados los filmes son el motor y la razón de muchos de los cambios observados. El objetivo principal de entretener, divertir y encandilar a un público infantil explica los puntos de vista adoptados a la hora de confeccionar los guiones y, en nuestra opinión, cumplen su propósito comunicativo con éxito.

The Walt Disney Company acompaña el estreno de sus filmes con objetos de *merchandising* de todo tipo, y uno de ellos es el libro de la película, que resume el argumento de la misma. Pérez (Ibíd.: 143 y 144) apunta que estos libros explotan el argumento del psicoanálisis de que la repetición es un elemento esencial en el desarrollo de la psique de los niños, de forma que la lectura reiterada del libro de la película afianza el recuerdo de la película y crea la necesidad psíquica de volver a verla, con lo que el libro derivado se manifiesta como el producto de *merchandising* más eficaz de todos.

Estos productos son en realidad una síntesis de los filmes en los que las ilustraciones, tomadas de escenas de la narración audiovisual, adquieren un protagonismo máximo.

En ocasiones se advierten diferencias motivadas por el cambio de código semiótico, como por ejemplo, la aparición en el libro derivado *Bambi* del narrador omnisciente en tercera persona típico de las obras literarias infantiles, la alteración de algunos personajes, como Tambor, que pasa de ser el compañero de juegos de Bambi a un agente del narrador, que ayuda al niño a comprender las ilustraciones que se van sucediendo, o el cambio del Príncipe del Bosque, que en la película era una figura semi-ausente y misteriosa y en el libro es otro agente del narrador, que explica los acontecimientos más traumáticos (Ibíd.: 144 y 145).

Salvo por estas diferencias "obligatorias" debido al cambio de códigos, la historia y personajes de los libros se trasladan y provocan una experiencia similar apoyada en las imágenes, idénticas en ambos casos.

Las traducciones audiovisuales

Cuando hablamos de traducciones audiovisuales de películas con destinatario primario infantil[4] nos estamos refiriendo a traducciones encuadradas en la modalidad de doblaje. Y aunque de traducciones para doblaje se ha hablado mucho en los últimos años en círculos especializados (cfr. Ávila, 1997; Agost, 1999; Agost y Chaume, 2000; Duro, 2001; Chaume, 2004; Orero, 2004; Couto, 2009; Montero, 2010), son pocos los investigadores que se hayan detenido en el ámbito del cine infantil y juvenil (Lorenzo y Pereira, 1999, 2001; Lorenzo, 2003; Iglesias, 2009; Rodríguez y Lorenzo, en prensa; González Vera, 2010; Lemos, 2010).

En estos pocos estudios que de momento se han ido publicando, las conclusiones apuntan claramente a unas traducciones con frecuentes intervencionismos de los traductores buscando determinados efectos en consonancia con su propia ideología o con las características de los contextos en donde se insertan sus trabajos; son traducciones en las que se busca la simplificación, para que el niño acceda sin problemas a los textos, y la domesticación, esto es, la presentación de la historia en clave cercana al contexto del niño (ej: referentes culturales exóticos sustituidos por otros bien conocidos). Como señalamos en un artículo previo (Pereira y Lorenzo, 2001: 312):

> La doble minusvalía diagnosticada en los traductores de Literatura Infantil y Juvenil (Abós, 363), ya que por una parte se dedicaban a una profesión infravalorada socialmente y por otra trabajaban con textos intrascendentes, empeora si cabe en los traductores de películas adscritas a este género. Y es precisamente la toma de conciencia de su papel irrelevante la que favorece una manipulación del guión en el trasvase y la que lleva al traductor a asumir parte de la autoría del producto final.

En las traducciones para doblaje de películas infantiles analizadas en los trabajos previamente mencionados se consiguen textos fluidos, con un lenguaje natural que se ajusta a la noción de "oralidad prefabricada" explorada por

---

4   No olvidemos que se trata, en realidad, de textos de doble receptor adulto-niño (Ruzicka et al. 1995, 2002; Zabalbeascoa, 2000), puesto que o bien han sido concebidos por sus creadores pensando en un público híbrido (con diferentes canales apelativos para unos y otros) o bien han sido "ganados" por una de estas dos audiencias (a veces son los adultos los que "se apropian" de textos con un receptor primario niño y otras son niños los que se acercan a un texto concebido primariamente para un adulto).

Chaume (2004). Es decir, los traductores lograron un texto escrito que no por ello ha perdido la frescura de la dimensión oral, con toda suerte de marcadores conversacionales (falsos comienzos, repeticiones, oraciones truncadas...).

Por ejemplo, Lorenzo (2008:92 y ss) muestra, a través de ejemplos concretos tomados de la traducción para doblaje al español de *Pocahontas*, cómo, en general, se consiguen efectos semejantes a los pretendidos en el texto origen[5]: el léxico y las estructuras sintácticas son habituales en la lengua meta y caracterizan a los personajes, huyendo de propuestas literales, calcos o soluciones ajenas a la variante lingüística que en cada caso habrá que conseguir (ej: los personajes pedantes hablan de forma rebuscada, con un registro barroco preñado de términos especializados y metáforas, en consonancia con su forma de ser; los marineros utilizan términos derivados del mundo de la náutica).

También este mismo estudio resulta paradigmático de la forma de actuar de los traductores audiovisuales cuando se enfrentan a textos para niños, haciendo gala de dos características que se repiten en las traducciones del género infantil que ya hemos mencionado antes y que muchos especialistas han tratado[6]: simplificación y domesticación. Así, se intenta que el receptor niño no tenga problemas de interpretación cuando ve la película; se trata de conseguir una traducción aceptable (en términos polisistémicos), de tal manera que el traductor mantendrá los referentes culturales compartidos pero intervendrá en el texto en aquellos casos en los que dichos referentes resultarían ajenos a la realidad de la cultura meta (ej: mientras que en la *Pocahontas* original se menciona al rey inglés en un momento determinado (King James), en su versión española la traductora se limita a neutralizar dicha referencia refiriéndose simplemente a "el rey"; sin embargo, mantiene las menciones a Cortés y Pizarro, estudiados sin duda en los colegios e institutos españoles).

No deberíamos concluir este apartado sin mencionar la independencia que como producto artístico tienen los textos audiovisuales y sus traducciones. Cine y literatura son parientes y entre ellos existen relaciones de interdependencia muy importantes, pero cada uno de ellos tiene sus propios códigos de significación que potencian o minimizan determinados efectos. Ninguno es

---

5 Esto es, se consigue una traducción funcional (o equivalencia comunicativa), que se esfuerza en mantener en el texto meta la misma función que tenía el texto origen, sin importar que dicha función tenga que ser mantenida mediante formas o conceptualizaciones distintas (Reiss y Vermeer, 1996; Nord, 1997, 2010).

6 Entre ellos, destacan las aportaciones de Fernández López (1996), Pascua Febles (1998) u Oittinen (2006a).

mejor, ninguno peor. Como se dejó claro en el estudio del doblaje al español peninsular de la *Pocahontas* de Disney (Lorenzo García, 2008: 103):

> A pesar de los elementos simplificados, distorsionados o edulcorados que puedan contener, lo cierto es que [estas adaptaciones audiovisuales y sus traducciones] van abriendo puertas al conocimiento. Luego, ya de adultos, en manos de cada uno está el traspasarlas para incluir nuevos puntos de vista sobre la historia o cerrarlas para siempre.

Las traducciones de los productos literarios derivados

Entendemos por "producto literario derivado" cualquier libro (cuento, cómic, etc.) que se diseña a partir de un texto audiovisual, sea este a su vez una adaptación de originales literarios previos (ej: *Peter Pan* (Disney, 1953), *Hook* (Steven Spielberg, 1991), adaptaciones del *Peter Pan* de James M. Barrie (1904)) o un producto audiovisual original (ej: *Toy Story* (John Lasseter, 1995), *Up* (Pete Docter, 2009)). Este tipo de textos derivados aprovechan el tirón comercial de la película en la que se basan para su venta. En muchos casos se proponen como herramientas útiles para el aprendizaje de idiomas (y se hacen acompañar de pequeños glosarios de términos de la película o ejercicios de gramática, crucigramas, etc.); en otros intentan servirse del conocimiento que los pequeños tienen de los personajes para ofrecerles aventuras nuevas y entretenidas. Pero la mayoría han sido concebidos con un propósito mercantil claro, por lo que sus valores literarios dejan bastante que desear (Ruzicka, 2008: 11 y 12).

Probablemente esta consideración implícita de baja calidad de dichos productos influye en los traductores, que realizan un trabajo menos cuidado y que se permiten licencias mayores de las que se permitirían si se enfrentasen a textos de reconocido prestigio general. Esta conclusión no es nueva; ya Toury (1980, 1995) y Lefevere (1997) alertaban de la situación cuando hablaban del papel determinante que ejercía el mercado y todas las fuerzas sociales que lo condicionaban (editoriales, críticos especializados, profesores…) en el trabajo final del traductor. También Lorenzo (2000) demostró, en el polisistema cultural gallego, cómo aquellos traductores que creían tener entre manos un texto canónico, de "alta literatura", eran bastante más fieles a los originales que aquellos que consideraban los textos de partida como productos de segunda división, de ahí que manipulasen a su antojo sus traducciones con fines determinados (defensa de una particular política lingüística en comunidades con dos lenguas, apoyo a determinados valores didácticos que podían acompañar a las traducciones, etc.).

Siendo este el escenario habitual, no es de extrañar que las traducciones de los textos literarios derivados de una película sean bastante mediocres. El traductor parte de una consideración pobre de lo que está traduciendo, que entiende como un producto de baja calidad que vive del éxito de su predecesor audiovisual; por consiguiente, la atención y los cuidados que le prodiga al texto que traduce van a ser escasos. En un estudio previo tal proceder se ha puesto de manifiesto (Pereira, 2008: 120 y 121), concluyendo que, aunque el texto en general resulte natural (salvo por algún calco de frecuencia u ortotipográfico), una de las estrategias empleadas en la traducción del libro derivado de *Pocahontas* es la simplificación oracional (se fragmentan oraciones del texto inglés) y léxica (se omite información, lo cual hace que se confeccionen personajes mucho más planos que los del texto inglés y, a veces, que se llegue a interpretaciones erróneas). En contraposición, en ocasiones se usan términos muy poco frecuentes en español y difícilmente entendibles por el receptor niño, y lo más grave es la falta de sincronía entre el texto y las ilustraciones hasta en tres ocasiones, falta de sincronía causada por la traducción errada de referentes que aparecen en las imágenes. En resumen, los lectores de estos textos derivados se encontrarán casi siempre con traducciones descuidadas con frecuentes incoherencias, personajes planos y ausencia de atención al tratamiento de las imágenes en los casos en que las haya[7].

El Rey León: un universo semiótico complejo

En el volumen que aquí nos ocupa y siguiendo la estela marcada por los estudios anteriores, nuestros colaboradores nos ayudarán a descubrir la complejidad y las distintas facetas de *El Rey León* de Disney: desde sus fuentes de inspiración hasta los libros que de este filme se derivaron.

Con este fin, Patricia Fra inicia el análisis con un capítulo, que sirve de telón de fondo de los demás y en el que, por una parte, repasa, desde su inicio hasta la época actual, la fructífera relación que siempre ha existido entre literatura y cine y televisión y, por otra, analiza las controversias que plantea el concepto de adaptación y nos muestra sus posibles clasificaciones, según se alejan más

---

7   Cfr. Lorenzo García (2000: 347–349; 2003b: 130–131; 2011: 401–403) si se quieren ver ejemplos de la falta de coherencia texto-ilustración en las traducciones, al haber desatendido las relaciones palabras-imágenes del original.

o menos del original literario. Asimismo, nos invita a reflexionar y poner en duda la opinión generalizada de que la obra literaria siempre será mejor que su adaptación, de que la fidelidad no debe ser el único criterio a la hora de juzgar porque, aunque adaptación implica cambio, ¿son todos los cambios negativos?

En calidad de estudioso y de espectador ideal, Abuín nos conducirá por los distintos niveles de lectura presentes en el filme *El Rey León* debido al sinfín de referencias intertextuales empleadas por los guionistas. En su artículo "Bamblet: Shakespeare y Disney se van a África", nuestro colaborador explica que el origen de esta película de la compañía Disney partió de una idea argumental definida como "Bambi en África con toques de Hamlet".

Por una parte, tanto *Bambi* como *El Rey León* son la historia de jóvenes cachorros que sufren la pérdida de sus progenitores y, ayudados por sus amigos, vencen a las fuerzas del mal. También en ambos casos, los filmes de Disney relatan las historias de amor de sus protagonistas y los dos deleitan a sus receptores con un final feliz marca de la casa.

Por otra parte, de *Hamlet*, en *El Rey León* se toman diversos elementos, eso sí, "disneyficados", tal y como lo expresa Abuín. Sin embargo, no se toman únicamente aspectos de esa obra de Shakespeare, sino de muchas otras (*Romeo y Julieta, Ricardo III, Macbeth, Timón de Atenas*) y desde un punto de vista que desvirtúa las obras originales.

Asimismo, en la construcción de *El Rey León*, se acumulan innumerables referencias de todo tipo (bíblicas, mitológicas, cinematográficas, musicales, literarias, etc.) que Abuín va desvelando. Se muestra una interpretación de *El Rey León* que, sin duda, escapa a los pequeños espectadores y, en muchas ocasiones, a sus acompañantes adultos, y que resulta extremadamente interesante: la imposición de lo individual sobre lo social, del patriarcado, de la estructura étnica estratificada, del continuismo de los roles sociales, de la jerarquía por herencia, de la heterosexualidad…

Una vez analizadas las múltiples influencias del filme que nos ocupa y centrándose especialmente en el *Hamlet* shakespiriano, Abuín compara la adaptación del mismo que se hizo en *El Rey León* con otras, como las llevadas a cabo en *The Animated Tales* (HBO, 1992), *The Simpsons, Tales from the Public Domain* (Groening, 2002) y en películas de *anime* del japonés Hayao Miyakazi. Finalmente, explica, a través del análisis del filme gallego *El sueño de una noche de San Juan* (de la Cruz y Gómez, 2005) cómo los esquemas y procedimientos empleados por la Disney en la construcción de sus películas traspasan las fronteras y se adoptan en otras partes del mundo.

En su artículo "Estudio del doblaje al español peninsular de *The Lion King* (1994)", Ariza e Iglesias se basan en el modelo de análisis de textos audiovisuales de Chaume (2004), enriquecido con aportaciones de otros estudiosos de la traducción audiovisual (Agost, 1999; Lorenzo y Pereira, 1999; Zabalbeascoa, 2000) y las propias (Iglesias, 1999; Ariza y Lorenzo García, 2010), para explorar el doblaje que se hizo al español peninsular de *El Rey León*.

Inician su estudio situando la película en el contexto filmográfico de Walt Disney Pictures, describiendo su trama argumental, aludiendo al doble perfil del destinatario (niño y adulto) y apuntando a la problemática traductológica de la aparición de dos lenguas diferentes en el texto origen.

Seguidamente, nos presentan su análisis, que dividen en varios niveles: lingüístico-contrastivo, comunicativo y semiótico. En el primero, muestran con ejemplos concretos cómo se resolvieron en el doblaje problemas de naturaleza léxico-semántica, como los juegos de palabras.

Con respecto a los factores comunicativos, se centran en la forma en la que se trasladó la asignación de acentos y elementos léxicos asociados socialmente marcados en el filme original. Si estos no se trasladaron, nuestros colaboradores analizan si se compensaron o no y cómo. Asimismo, también nos ofrecen valoraciones sobre las estrategias adoptadas e, incluso, propuestas de mejora.

En el nivel semiótico y, como no podía ser de otro modo, el énfasis se dirige al análisis de las estrategias de trasvase de los referentes intertextuales, tan abundantes y omnipresentes en el objeto de estudio de este libro.

Finalmente, en el último capítulo de este volumen, Rodríguez lleva a cabo un análisis contrastivo del libro para niños de seis a ocho años, *The Lion King*, y su traducción al español, *El Rey León*, publicados ambos por la compañía Walt Disney el mismo año del estreno del filme.

En el análisis comparativo de los aspectos extratextuales se incluyen la estructura, títulos y, dado que se trata de cuentos ilustrados, una reflexión sobre la función y coherencia de las imágenes presentes en ambos cuentos.

En el nivel textual, Rodríguez llama la atención sobre la nada desdeñable cantidad de expansiones que se incluyen en la traducción al español, expansiones que valora como coherentes en todos los casos y que afectan tanto al material textual como al visual; su inclusión la explica como una forma de hacer más explícito si cabe lo que se está narrando, de facilitar la comprensión del pequeño lector y de aumentar su interés por el texto.

También en este nivel se incluye un estudio sobre las estrategias de trasvase de los antropónimos y topónimos en el que, aunque se concluye que el mediador hubo de plegarse a las decisiones previamente tomadas en la traducción para doblaje y se apuntan las razones que podrían fundamentar esas soluciones, también se repasa el contenido de los distintos nombres que los lectores no descubrirán.

Otros aspectos textuales que se analizan son cómo se trasladan problemas de traducción tales como los juegos de palabras, las interjecciones y onomatopeyas, las repeticiones y paralelismos, cuestiones ortotipográficas, el punto de vista del TO, etc.

Una vez más, el lector tiene entre sus manos el esfuerzo conjunto de investigadores en distintos campos de conocimiento que nos proporcionan una visión sin duda mucho más enriquecedora del objeto que aquí nos hemos propuesto analizar.

Referencias

Abós Álvarez-Buiza, Elena, "La literatura infantil y su traducción", en Vega, Miguel Ángel y Rafael Martín-Gaitero (eds.), *La Palabra Vertida. Investigaciones en torno a la Traducción*, Madrid: Instituto Universitario de Lenguas Modernas y Traductores/Universidad Complutense de Madrid, 359–370, 1997.

Agost, Rosa, *Traducción y doblaje: palabras, voces e imágenes*, Barcelona: Ariel, 1999.

– y Frederic Chaume (eds.), *La traducción en los medios audiovisuales*, Castellón: Universitat Jaume I, 2000.

Ariza, Mercedes y Lourdes Lorenzo García, *Lenguas minorizadas y dialectos en traducción audiovisual*. Comunicación presentada en *Fourth International Conference on the Translation of Dialects in Multimedia*, Universidad de Bolonia, Italia, 2010.

Ávila, Alejandro, *El doblaje*, Madrid: Cátedra, 1997.

Barsanti, Mª Jesús, "Vida y obra de Félix Salten", en Ruzicka, Veljka (ed.), *Diálogos intertextuales 2: Bambi*, Frankfurt y Main: Peter Lang, 15–41, 2009.

Becerra Suárez, Carmen, "De la tradición histórico-literaria al texto fílmico", en Ruzicka, Veljka (ed.), *Diálogos intertextuales 1: Pocahontas*, Frankfurt y Main: Peter Lang, 55–87, 2008.

Chaume, Frederic, *Cine y traducción*, Madrid: Cátedra, 2004.

Corvo, Mª José, "El mundo de *Bambi* desde la perspectiva de Salten, en Ruzicka, Veljka (ed.), *Diálogos intertextuales 2: Bambi*, Frankfurt y Main: Peter Lang, 43–81, 2009.

Couto Lorenzo, Xerardo, *Arredor da dobraxe: algunhas cuestións básicas*, A Coruña: Deputación Provincial da Coruña (col. Manuais Casahamlet, teatro, 10), 2009.

Duro, Miguel (coord.), *La traducción para el doblaje y la subtitulación*, Madrid: Cátedra, 2001.

Fernández López, Marisa, *Traducción y literatura juvenil. Narrativa anglosajona contemporánea en España*, León: Universidad de León, 1996.

Gabriel, Mike y Erik Goldberg, *Pocahontas*, USA: The Walt Disney Company, 1995.

Garnett, David, *Pocahontas or the Nonparell of Virginia*, Londres: Chatto and Windus, 1932.

González Vera, Mª Pilar, *The Translation of Recent Digital Animated Movies: the Case of Dream Works Films*, Antz, Shrek *and* Shrek 2 *and* Shark Tale, [Tesis doctoral inédita], Zaragoza: Universidad de Zaragoza, 2010.

Hand, David, *Bambi*, USA: The Walt Disney Company, 1942.

Iglesias Gómez, Luis Alberto, *Los doblajes en español de los clásicos Disney* [Tesis doctoral inédita], Salamanca: Universidad de Salamanca, 2009.

Lefevere, André, *Traducción, reescritura y la manipulación del canon literario*. Traducción de Carmen África Vidal y Román Álvarez. Salamanca: Ediciones Colegio de España, 1997.

Lemos, Ana, "Estratexias para a dobraxe de Shin Chan", en Montero, Xan (ed.), *Tradución para a dobraxe en Galicia, País Vasco e Cataluña*, Vigo: Universidade de Vigo, 133–140, 2010.

Lorenzo García, Lourdes, "Espacios prohibidos y su traducción: *Mummy never told me/The Sprog Owner's Manual*, de Babette Cole y *Scaredy Squirrel*, de Mélanie Watt", en Roig Rechou, Blanca Ana. et al. (eds.), *O álbum na literatura infantil e xuvenil (2000–2010)*, Vigo: Xerais, 395–411, 2011.

–, "Estudio del doblaje al español peninsular de Pocahontas (Disney)", en Ruzicka, Veljka. (ed.), *Diálogos intertextuales 1: Pocahontas*, Frankfurt y Main: Peter Lang, 89–106, 2008.

–, "Traductores intrépidos: intervencionismo de los mediadores en las traducciones del género infantil y juvenil", en Pascua Febles, Isabel *et al.* (eds.), *Actas del I Congreso Internacional Traducción y Literatura Infantil*, Las Palmas de Gran Canaria: Universidad de Las Palmas, 341–350 [CD-Rom], 2003a.

–, "Estudio crítico de la traducción al gallego de A Study in Scarlet", en Ruzicka, Veljka y Lourdes Lorenzo García (eds.), *Estudios críticos de traducción de literatura infantil y juvenil*, Oviedo: Septem Ediciones, 105–141, 2003b.

–, *A traducción da metáfora inglesa no galego: estudio baseado nun corpus de literatura infantil/xuvenil contemporánea*, Vigo: Universidad de Vigo, 2000.

– y Ana Mª Pereira Rodríguez, "Doblaje y recepción de películas infantiles" en Pascua Flebes, Isabel. (ed.), *La traducción. Estrategias profesionales*, Las Palmas de Gran Canaria: Servicio de Publicaciones de la Universidad de Las Palmas de Gran Canarias, 193–203, 2001.

–, "Blancanieves y los siete enanitos, radiografía de una traducción audiovisual: la versión cinematográfica de Disney en inglés y en español", en Caramés Lage, José Luis et al. (eds.), *El Cine: otra dimensión del discurso artístico*, Oviedo: Universidad de Oviedo, vol. I, 469–483, 1999.

Montero, Xan (ed.), *Tradución para a dobraxe en Galicia, País Vasco e Cataluña*, Vigo: Universidade de Vigo, 2010.

Nikolajeva, Maria, *Children's Literature Comes of Age. Toward a New Aesthetic*, New York/ London: Garland Pub. Inc., 1996.

Nord, Christiane, "Functionalist Approaches", en Gambier, Yves y Luc Van Doorslaer (eds.), *Handbook of Translation Studies*, Amsterdam: John Benjamins, 120–128, 2010.

–, *Translation as a purposeful activity. Functionalist Approaches Explained*, Manchester: St. Jerome, 1997.

Oittinen, Ritta, "No Innocent Act: On the Ethics of Translating for Children", en Coillie, John y Walter P. Verschueren (eds.), *Children's Literature in Translation*, Manchester: St. Jerome. 35–46, 2006a.

Orero, Pilar (ed.), *Topics in Audiovisual Translation*, Amsterdam: John Benjamins, 2004.

Pascua Febles, Isabel, *La adaptación en la traducción de la literatura infantil*, Las Palmas de Gran Canaria: Universidad de las Palmas de Gran Canaria, 1998.

Pereira Rodríguez, Ana Mª, "Estudio de la traducción al español de los textos derivados del filme", en Ruzicka, Veljka (ed.), *Diálogos intertextuales 1: Pocahontas*, Frankfurt y Main: Peter Lang, 107–122, 2008.

–, "Guionistas y traductores: misóginos y cómplices en las películas infantiles", en Becerra Suárez, Carmen et al. (eds.), *Lecturas: Imágenes*, Vigo: Universidade de Vigo, 311–317, 2001.

Pérez Pico, Susana, "Animando *Bambi*. La versión Disney de la obra de Felix Salten", en Ruzicka, Veljka. (ed.), *Diálogos intertextuales 2: Bambi*, Frankfurt y Main: Peter Lang, 109–148, 2009.

Powers, John, "Collodi´s Brooding, Subversive 'Pinocchio'", [En línea: http://www.npr. org/templates/story/story.php?storyId=101413512], 2012.

Reiss, Katarina y Hans Vermeer, *Fundamentos para una teoría funcional de la traducción* [Traducción española de García, Sandra y Celia Martín del original alemán, 1991], Madrid: Akal, 1996.

Rodríguez, Beatriz y Lourdes Lorenzo, "La intertextualidad en los textos audiovisuales: el caso de *Donkey* Xote" [En prensa].

Ruzicka, Veljka, "Introducción", en Ruzicka, Veljka (ed.), *Diálogos intertextuales 1: Pocahontas*, Frankfurt y Main: Peter Lang, 11–24, 2008.

–, "La traducción de literatura infantil y juvenil en Alemania", en Lorenzo García, Lourdes et al. (eds.), *Contribuciones al estudio de la traducción de literatura infantil y juvenil*, Madrid: Dossat, 2002.

– et al., *Evolución de la Literatura Infantil y Juvenil Británica y Alemana hasta el Siglo XX*, Vigo: Ediciones Cardeñoso, 1995.

Salten, Felix, *Bambi. A Life in the Woods*, Nueva York: Simon and Schuster [Traducción al inglés de Chambers, Whittaker], 1928.

–, *Bambi. Eine Lebensgeschichte aus dem Walde*, Berlin-Wien-Leizpig: Ullstein, 1923.

Smith, John, *The Generall Historie of Virginia, New-England, and the Summer Isles*, Londres: Michael Sparks, 1624.

Toury, Gideon, *Descriptive Translation Studies and Beyond*, Amsterdam & Philadelphia: Benjamins, 1995.

–, *In Search of a Theory of Translation*, Tel Aviv: The Porter Institute for Poetics and Semiotics/Tel Aviv University, 1980.

Vázquez Freire, Miguel, "Invención da infancia e literatura infantil", *GRIAL*, 105, 65–76, 1990.

Vázquez García, Celia, "*Pocahontas* de Garnett y *Pocahontas* de Disney: dos percepciones diferentes de un mundo nuevo", en Ruzicka, Veljka (ed.), *Diálogos intertextuales 1: Pocahontas*, Frankfurt y Main: Peter Lang, 25–54, 2008.

Zabalbeascoa, Patrick, "Contenidos para adultos en el género infantil: el caso del doblaje de Walt Disney", en Ruzicka, Veljka; Celia Vázquez García y Lourdes Lorenzo García (eds.), *Literatura infantil y juvenil. Tendencias actuales en investigación*, Vigo: Universidad de Vigo, 19–30, 2000.

De la letra a la imagen.
O de cómo volver a hablar sobre literatura, cine, adaptación y no morir en el intento…

Patricia Fra López
Universidade de Santiago de Compostela
patricia.fra@usc.es

1. Introducción

Dentro de las actividades organizadas por la Concejalía de Centros Socio-culturales del Ayuntamiento de Santiago de Compostela durante el año 2012, tuve la oportunidad de participar en una iniciativa titulada "Compostela Cine Classics" y compartir algunas reflexiones sobre la noción de adaptación. Comenzaba mi charla haciendo referencia al póster[1] que presidía todo el ciclo, una variación sobre el cartel de la película *The Postman Always Rings Twice (El cartero siempre llama dos veces)*, protagonizada por Lana Turner y John Garfield y dirigida por Jay Garnett en 1946 sobre la novela homónima de James M. Cain, publicada en 1934.

Esta ilustración cumplía a la perfección, a mi entender, su objetivo de llamar la atención del gran público hacia una película clásica muy conocida y, en este caso, sirve para adentrarnos en el tema que nos ocupa en este volumen. Si bien el título del texto fílmico ilumina, más o menos claramente, en nuestra memoria el recuerdo de su visionado, lo que ya no recordamos tan fácilmente es que se trata de la más conocida de nada más y nada menos que seis versiones fílmicas producidas sobre un mismo texto literario, novela que fue asimismo hipotexto de una obra de teatro y de una ópera.

Podríamos decir que en este caso sucede lo mismo que en el de muchas otras películas: tendemos a olvidar su origen literario porque no son obras reconocidas como 'clásicos', aunque pueden perfectamente haber sido muy populares en el momento de su publicación. Si casi nadie conoce o recuerda la novela original, sin embargo lo que sí suele ocurrir es que el espectador establezca una comparación entre la película en cuestión y otros textos cinematográficos

---

1 El póster fue diseñado por Alex Méndez, de La Bola Creativos. Se puede ver en el siguiente enlace: https://es-la.facebook.com/compostela.cineclassics.

– o televisivos – similares, que pertenezcan al mismo género, al cine negro en el caso anteriormente citado. Así, por ejemplo, los espectadores de la década de 1940 probablemente compararían *El cartero* con otro clásico anterior, *Double Indemnity (Perdición)*, versión de la novela homónima escrita por James M. Cain en 1943 y llevada al cine por Billy Wilder en 1944. Ambos filmes son, por tanto, adaptación de dos textos del mismo autor, y el gran éxito de la versión de Billy Wilder probablemente influyó positivamente para que los productores dieran luz verde, dos años más tarde, a la realización de *El cartero*.

Este ejemplo nos puede hacer reflexionar sobre una opinión más o menos generalizada que se oye entre el público – y también entre algunos críticos – cada vez que se menciona la palabra "adaptación": que "la novela siempre es mejor" que la película, o como se afirma en la siguiente cita, "al menos el libro siempre será estupendo"[2].

> Hay sobre 27 adaptaciones de este libro… Algunas me gustan, otras las odio, y me encantaría cortar y pegar elementos de otras para hacer una versión de *Jane Eyre* perfecta. La de 1944, con Joan Fontaine y Orson Welles…Joan F. parece que siempre está asustada (¿habéis visto "Rebecca"?) que, aunque resulte efectivo, NO es Jane; … La de 1983, protagonizada por Timothy Dalton y Zelah Clarke. Esta es definitivamente una de mis favoritas. Timothy Dalton realmente ES Rochester … En la de 1996, con William Hurt y Charlotte Gainsborough. Sólo vi un fragmento. Dirigida por Franco Zeffirelli… En la de 2006, actúan Toby Stephens y Ruth Wilson. Vale, esta me encanta. Visualmente impresionante, banda sonora maravillosa, Ruth es guapa. ¡Tengo curiosidad por ver la versión de 2011! ¡Jane es joven! Como en la novela…. :) Al menos el libro siempre será estupendo.

Este tipo de comentario aparece como un lugar común entre los espectadores – y también entre los cinéfilos –, hasta el punto de que no nos percatamos de que solo lo aplicamos en adaptaciones de novelas consideradas clásicas de la literatura universal. No obstante, en casos como el de *El cartero siempre llama dos veces*, es decir, en versiones de novelas populares como la novela negra, de terror, thrillers, ciencia ficción, musical, etc., no solemos cuestionar la calidad de la adaptación, o si esta es fiel al original. Intentaremos adentrarnos en estos prejuicios que tanto peso han tenido en la mente de los espectadores

---

2   Traducción mía del post titulado "The Many Faces of Jane Eyre" en el blog Two is Company, Eleven's Like Heaven, del 19 de abril de 2011. Para más información sobre todas las versiones de Jane Eyre, ver http://www.cine-de-literatura.com/2011_12_18_ archive.html.

y de los críticos, para intentar transcender a ellos, y así librarnos de una vez
por todas del yugo de la "fidelidad" al original literario como único criterio de
comparación.

Como ya he señalado en trabajos anteriores[3], existen estudios comparativos
entre cine y literatura que se basan en los puntos de divergencia entre ambas
artes, mientras que hay otros que se limitan a defender la supuesta superioridad
de una de las artes sobre la otra. Así, algunos críticos afirman que el cine, como
forma artística, es inferior a la literatura, especialmente porque es una industria
asociada con el entretenimiento. Otros, sin embargo, aceptan el valor estético
del cine como arte, pero siguen haciendo hincapié en la superioridad de la literatura, y centran su análisis en la dependencia que, casi desde sus comienzos,
ha mostrado el cine de la narrativa como fuente de argumentos. En esta línea se
encuentran estudios que se centran en la influencia de la literatura en el cine, ya
sea desde el punto de vista técnico, ya temático. Hay estudiosos, en cambio, que
asumen que el cine es superior, o por lo menos independiente, del resto de las artes, como se puede observar en las teorías expuestas por la *Nueva Ola* francesa.

Una de las áreas más controvertidas de este tipo de análisis comparativo
ha sido el estudio de la influencia del cine en la literatura. No solo los críticos
literarios, sino también la mayoría de los críticos de cine, concurren en la idea
de que el llamado "séptimo arte" influye en los otros, pero que esa influencia
sería muy difícil de probar en cuestiones que afectan a la técnica narrativa. Un
ejemplo sería la llamada „novela pre-cinematográfica", en la que los críticos
estudian las supuestas similitudes con la sintaxis fílmica en textos clásicos
como la Eneida[4]. En una línea semejante, se encuentra el estudio seminal que
hizo Magny en L'age du roman americain (1948) de la influencia del cine en
la novela norteamericana de los años 20 y 30.

Siguiendo una perspectiva similar, se encuentran aquellos críticos que han
tratado las relaciones entre la novela y el cine como textos que comparten un
código estético común, lo que Spiegel denomina „body of ideas" (1976, xii)
que considera el aspecto unificador entre literatura y cine[5]:

> Uno comenzó a comprender dónde se unían cierto tipo de novelas y el cine cuando
> comprendió que el cine es algo más que la suma de sus artilugios mecánicos ... que la

---

3   Ver capítulo introductorio de mi libro Cine y literatura en F. Scott Fitzgerald, 2002: 9–11.
4   La literatura precinematográfica es objeto de estudio en la obra de Leglise (1958),
     Fuzellier (1964) o Entrambasaguas (1954).
5   Traducción mía.

técnica cinematográfica como tal está relacionada con una forma de pensar y de sentir
– sobre el tiempo, el espacio, el ser y la relación –, se refiere a un cuerpo de ideas
sobre el mundo que ha pasado a formar parte de la vida mental de una era completa
de nuestra cultura. Este cuerpo de ideas no solo existe fuera de la película, tanto como
dentro de ella, sino que de hecho es anterior a la invención de la cámara cinematográfica, y en parte determina la forma y la textura de las novelas escritas por autores
precinematográficos como Conrad, Zola y Flaubert. Estas ideas también explican …
cómo más tarde Joyce, Hemingway y Faulkner pudieron utilizar a estos novelistas
para sus propias visualizaciones, y cómo finalmente la misma llegada del cine puede
haber parecido nada más que la cristalización final de las tendencias intelectuales que
se habían estado desarrollando en la cultura durante más de medio siglo.

Durante las décadas de los años 1960 y 70 hay que señalar la importancia en
los estudios de cine y literatura de la tendencia crítica iniciada por los semiólo-
gos franceses, como Metz o Mitry, quienes intentaron establecer la existencia
y definir las características del cine como lenguaje, y así poder aplicar las normas de los estudios lingüísticos al análisis de las películas. En los años 80 y 90,
la crítica de cine, siguiendo el mismo camino iniciado en el campo de la crítica
literaria, incorporó líneas como el feminismo, el psicoanálisis, la narratología
o la teoría de los polisistemas al análisis de obras literarias llevadas al cine. Por
último, la tendencia más contemporánea a nosotros, ya en el siglo XXI, amplía
el espectro y abandona el análisis textual o las estrategias del estructuralismo
o de la narratología aplicadas tanto a textos literarios como a los cinematográficos y se centra en estudios culturales, de ideología o de recepción fílmica.

Este breve resumen de lo que ha llamado la atención de los críticos, desde la
década de los años 50 hasta ahora, sobre la compleja interrelación entre literatura y cine nos lleva de vuelta al título de este capítulo introductorio. Es difícil
reflexionar sobre literatura y cine sin que la mente nos juegue una mala pasada
y lo reduzcamos inmediatamente a cuestiones sobre "adaptación", término tan
conflictivo como cansino para los que llevamos (algún) tiempo trabajando sobre estos temas. A este respecto nos planteamos una vez más: ¿qué es lo que
se adapta, la *letra* o el *espíritu* de la obra literaria?, ¿cómo se adapta, fielmente
o libremente?, ¿cuál es la mejor adaptación, la que consigue contentar a todos
los potenciales espectadores y al mismo tiempo a los lectores ávidos de encontrar *su* versión de la novela/cuento/obra teatral preferida?[6] Y por último, ¿qué

---

6   Ver http://www.huffingtonpost.com/rebecca-harrington/a-modest-defense-of-matth_b
    _2552393.html?utm_hp_ref=books, última consulta el 4 de marzo de 2013.

sucede con los casos citados anteriormente, de las novelas de James M. Cain llevadas al cine?, ¿por qué nadie habla del texto original literario, sino sólo de las películas?, ¿acaso no son 'adaptaciones', una versión similar a la realizada sobre un clásico como el *Hamlet* de Kenneth Branagh?

Antes de proseguir, cito un último ejemplo por su actualidad en el tiempo, y porque es indicativo del peso que sigue teniendo la fidelidad en cualquier versión cinematográfica de una obra literaria, y más en este caso, de uno de los clásicos por excelencia. A raíz del 200 aniversario de la publicación de *Pride and Prejudice (Orgullo y prejuicio)* de Jane Austen, se multiplicaron los artículos de opinión sobre las diferentes versiones para cine y televisión producidas a lo largo de los años. Detalla Rebecca Harrington en su post "A Modest Defense of Matthew MacFadyen's Darcy" en *The Huffington Post* del 28 de enero de 2013, una serie de quejas sobre la última adaptación de la novela de Austen (dirigida por Wright en 2005), que llevaron a esta bloguera a un paroxismo de rabia, y que básicamente tenían que ver con unos cambios inadmisibles: que la escena culminante tuviese lugar en exteriores, que lloviese, que cambiaran ligeramente el texto de los diálogos, etc.

I will admit, the first time I saw Joe Wright's 2005 adaptation of *Pride and Prejudice*, I walked out of the theater in a fit of rage.

"The climatic scene took place outside in a garden? And it rained?" I screamed at my friend on the walk back home. "What is this crap, Jane Eyre?

My friend muttered in agreement.

"Also, changing the words of Jane Austen ever so slightly? Who does he think he is? Does he think he's cleverer than Jane Austen? He is not!" I said. I kept uttering versions of these two sentiments for the rest of evening. Really, I am a boring friend.

Flash forward several years, when I recently rewatched the film while feeling especially sick and lying prone on my couch. I still had much of the same feelings I had the first time.

Why did so much of it take place outside? Why were Keira's bangs plastered onto her forehead like she was also sick?"

En el marco de este trabajo, nos referiremos a muchos de los prejuicios sobre las relaciones entre cine y literatura que inundan la blogosfera, haciendo una revisión de la investigación más actualizada sobre el tema de la adaptación en el ámbito anglosajón, un mercado editorial muy activo que puede resultar menos conocido para los lectores. Asimismo, al final del capítulo daremos una lista de referencias bibliográficas que reflejan el estado de la cuestión.

2. "El largo y tortuoso camino" del cine a la literatura, y de la literatura al cine (y a la televisión)

La interacción entre la literatura y el cine ha sido objeto de enorme interés crítico desde los años 50 del pasado siglo hasta la actualidad[7]. En 1957 Bluestone hablaba de la "misteriosa alquimia", de la estrecha relación existente entre los medios literario y fílmico desde los comienzos del cinematógrafo[8]. Ya en 1895 los hermanos Lumière se percataron de que su nuevo invento científico, que grababa todos los movimientos que aparecían ante el objetivo y luego los proyectaba sobre una pantalla en una sala llena de gente, podía servir para contar historias, como demuestra la primera "película narrativa", *L'arroseur arrosé* (*El regador regado*, Hnos. Lumiére, 1895). Al mismo tiempo, también desde los albores del cine existe un serio debate sobre si el ahora llamado séptimo arte debía ser considerado como un instrumento para la ciencia o para el entretenimiento.

Unos años más tarde, dos de los más grandes cineastas de la época a ambos lados del Atlántico, George Meliés y David Wark Griffith recurrieron, más o menos explícitamente, a la ficción literaria en busca de argumentos para sus películas. A este período de las primeras décadas del siglo XX se refiere Corrigan (2007: 34) cuando señala que, desde un primer momento, el interés del cine por la literatura estaba íntimamente relacionado con un deseo de "ascender en la escala social": la intención primordial del cinematógrafo era atraer a la clase media-alta norteamericana y europea, y para ello, habría de dejar de ser un mero espectáculo de feria que contentaba sobre todo a la clase trabajadora y a los inmigrantes:

---

7 En mi artículo sobre el guión en los estudios de la adaptación de textos literarios al cine (Boletín Galego de Literatura, 2002, nº 27: 68–71) menciono algunos de los volúmenes críticos más importantes sobre el tema de la adaptación de textos literarios al cine hasta el siglo XXI. Incluyo los más importantes en la Bibliografía recomendada al final del artículo. Los primeros fueron Bluestone (1957) con su estudio Novels into Film, reeditado en 2003; Baldelli (1966), Richardson (1969) y Roppars-Willeumier (1970).

8 Como he mencionado en la nota anterior, Bluestone publicó en 1957 la obra pionera de los estudios de las relaciones entre literatura y cine, Novels into Film. Hasta tal punto fue fundamental el análisis realizado por Bluestone en esa obra que a día de hoy, 55 años más tarde, se encuentra en Youtube en una serie de conferencias publicadas en línea en enero de 2012 por Anthony Metivier, http://www.youtube.com/watch?v=SKtwCLmGBCw&feature=relmfu.

Hacia 1903 las películas se habían establecido como industria del entretenimiento, apartándose definitivamente de la herencia del vodevil y moviéndose hacia la promesa de una posición cultural más elevada asociada con el teatro y la literatura. Identificado en los primeros años del siglo XX sobre todo con la clase obrera y los inmigrantes, espectadores de teatro de music hall y vodevil, las películas comenzaron a adaptar contenidos literarios con el fin de sugerir y promocionar un tipo de mejora cultural que, presumiblemente, refrenaría las sospechas sociales y morales acerca del poder [del cine] sobre niños y mujeres, supuestamente las personas menos educadas. Un ejemplo famoso de este control cultural es el movimiento del 'film d'art', que comenzó la Societé Film Art francesa en 1908 con la producción del Asesinato del Duque de Guise y que floreció hasta 1912 con Los amores de la reina Isabel. Aparecerían asimismo adaptaciones de Shakespeare, Goethe, Hugo, Dickens y Wagner[9].

A esa línea de "elevación cultural" que menciona Corrigan contribuyó fundamentalmente la cinematografía de Griffith. Se ha hablado mucho, sobre todo gracias al artículo de Eisenstein[10], de que Griffith se inspiró en la narrativa de Charles Dickens para idear su montaje paralelo. Así se denomina en la sintaxis cinematográfica al recurso de contar dos historias que ocurrían simultáneamente, que Griffith empleó en *Enoch Arden* (1908), adaptación de un poema de Tennyson, y que supuso un gran avance en la sintaxis cinematográfica. Griffith también utilizó un original literario, en este caso la novela *The Clansman: An Historical Romance of the Ku Klux Klan* de Dixon Jr. (1904) como fuente para su película más famosa: *The Birth of a Nation* (*El nacimiento de una nación*, 1915), texto que había sido previamente llevado al teatro. Como indica Corrigan, El nacimiento de una nación estableció las estructuras centrales de la narrativa clásica cinematográfica aplicando la narración lineal con una lógica de causa-efecto que guía la acción de unos personajes principales, es decir, la estructura de las novelas decimonónicas.

   Esta tendencia de que los cineastas y los guionistas recurriesen a la literatura, sobre todo a los clásicos, para sus producciones provocó la reacción negativa de muchos literatos, pero no de todos, hacia lo que ellos consideraban un nuevo "espectáculo de feria". Así, encontramos opiniones para todos los gustos, como por ejemplo, que Zola o Tolstoy miraban fascinados las primeras

---

9   Corrigan (2007: 34) Traducción mía.
10 Lo afirma Eisenstein en su famoso artículo de 1944 titulado "Dickens, Griffith and the Film Today" que aparece en el volumen Film Form, editado y traducido al inglés por Leyda (1949: 200–201). El título original del artículo de Eisenstein, según Winkler (2001: 16) era "Dickens, Griffith, and Us".

películas que retrataban escenas cotidianas, y que otros, como Virginia Woolf,
no creían en la capacidad de este artilugio para contar historias, en una reacción peyorativa que no dista mucho de la que tuvieron los pintores hacia la
fotografía, o los poetas hacia los novelistas, etc[11].

No obstante, en las décadas de los años 20 y 30, la interrelación entre la literatura y el cine se vio tremendamente fortalecida, sobre todo gracias a dos factores. Por un lado, la industria cinematográfica comenzó a nutrirse de relatos
cortos, de novelas clásicas y de obras de teatro, reelaborándolas para transformarlas en guión literario y posteriormente en película, con lo que comienza el
proceso que denominamos "adaptación". Este sería el principio de una estrecha colaboración que no ha cesado hasta el día de hoy, y que está simbolizada
en el reconocimiento a la labor realizada por los guionistas en los afamados
premios de la Academia de Hollywood en la categoría de 'guión adaptado'.

Por otro lado, concretamente en los años 30 y 40, los grandes estudios con-
trataron a los más afamados novelistas (Faulkner, Scott Fitzgerald, Hammett)
y dramaturgos (Hellman, Odets o Howard, entre otros) para que se encarga-
sen del trasvase de los diálogos literarios a los fílmicos, a raíz de la introducción del sonido en el cine. A su llegada a la Meca del cine, normalmente
estos grandes escritores eran "emparejados" con otros guionistas que tenían
más experiencia y sabían lo que significaba escribir dentro del engranaje de la
industria cinematográfica. Este emparejamiento forzado, que muchos de estos
autores vivieron como un insulto, contribuyó enormemente al desprecio y al
rechazo que sintieron hacia todo lo que Hollywood representaba, como refleja
Dardis en *Some Time in the Sun: The Hollywood Years of Scott Fitzgerald,
William Faulkner, Nathanael West, Aldous Huxley and James Agee* (1976);
sin embargo, esta opinión negativa no fue compartida por todos, según narra Goldman en *Aventuras de un guionista en Hollywood* (*Adventures in the
Screen Trade: A Personal View of Hollywood and Screenwriting*, 1983).

---

11 Corrigan (2007: 39) menciona la figura de Vachel Lindsay, y su obra The Art of the
    Moving Picture (1915), como una de las pioneras en defender al cine en esta lucha entre
    la "cultura" y las artes del espectáculo, o mass entertainments: "Writing his landmark
    The Art of the Moving Picture in 1915, [Vachel] Lindsay was an active poet with a pro-
    found social sense who regarded the new art of film as the medium to bring the spirit of
    poetry to the democratic masses of America. In their ability to adapt and to serve other
    arts and professions, movies are able to draw on a wide variety of interdisciplinary
    fields in addition to the literary, and so activate those fields as "sculpture-in-motion,"
    "painting-in-motion," and "architecture-in-motion".

Una serie de cambios que afectarían tanto al modelo de producción cinematográfica como a sus contenidos supuso el principio del fin de la era dorada del cine clásico de Hollywood, que está íntimamente relacionado con el descenso en el número de versiones de obras literarias. En la década de 1950 y 1960 hubo un notable descenso en el número de lectores, entre otras razones por el advenimiento de la televisión, que pasó a ser en pocos años el principal medio de entretenimiento de la burguesía norteamericana. En consecuencia, la industria cinematográfica comenzó a diversificar los argumentos de sus películas con la intención de volver a atraer al público, y se amplió el espectro de los géneros que poblaban la pantalla. Como resultado de ambos factores, se produjeron algunos hechos que, vistos a día de hoy, pueden resultar paradójicos, ya que coinciden una serie de producciones de películas "adultas", de calidad, que se empaparon de la influencia del cine europeo de la época, con las producciones más ligeras y comerciales, dirigidas al público adolescente.

Así, en estas dos décadas se versionaron para cine casi todas las obras de Tennessee Williams, considerado como el más grande de los dramaturgos norteamericanos del siglo XX[12], pero al mismo tiempo se intentó responder a la demanda del público juvenil, que iba al cine en masa – sobre todo a los "drive-in", o cines al aire libre – y ansiaban verse reflejados en héroes jóvenes y rebeldes, encarnados a la perfección por James Dean. Mientras tanto, el público adulto, más conservador, tendía a quedarse en casa y ver la televisión[13].

---

12 Cronológicamente, en los 50 se produjeron A Streetcar Named Desire (Un tranvía llamado deseo, Elia Kazan, 1951); Cat on a Hot Tin Roof (La gata sobre el tejado de zinc caliente, Richard Brooks, 1958); The Rose Tattoo (La rosa tatuada, Daniel Mann, 1955); Baby Doll (Elia Kazan, 1956); The Fugitive Kind (Piel de serpiente, Sidney Lumet, 1959, basada en Orpheus Descending); Suddenly, Last Summer (De repente, el último verano, Joseph L. Mankiewicz, 1959); Sweet Bird of Youth (Dulce pájaro de juventud, Joseph L. Mankiewicz, 1962); The Night of the Iguana (La noche de la iguana, John Huston, 1964). Asimismo, en 1961 se produjo la versión de la única novela escrita por Williams, The Roman Spring of Mrs. Stone (La primavera romana de la Sra. Stone, José Quintero).

13 Según cuenta Tim Dirks en su página web "The History of Film: the 1950s", el público que acudía al cine decreció de forma acuciante en esa década, por la creciente atracción ejercida por la televisión en abierto y por el cine extranjero en versión original, ocasionando cambios drásticos en la producción de los grandes estudios: "Film attendance declined precipitously as free TV viewing (and the increase in popularity of foreign-language films) made inroads into the entertainment business. In 1951, NBC became America's first nationwide TV network, and in just a few years, 50% of US

Este descenso en el número de espectadores precipitó la desaparición de los grandes estudios durante los años 60, y la industria de Hollywood – tal y como se conocía hasta ese momento – tuvo que reinventarse para poder hacer frente a los "enemigos" que invadían su territorio. Además de la televisión, otros potenciales competidores eran el cine británico y el cine europeo, sobre todo ejemplificado por los autores de la *Nouvelle Vague* ya mencionados.

Así, en los 60 se recurre nuevamente a la literatura como fuente de inspiración, pero con ligeras variaciones: aparece tanto en la cinematografía de los cineastas "independientes" – con John Cassavetes y Stanley Kubrick, como los más destacados exponentes – como en las últimas grandes películas de figuras emblemáticas, como John Ford u Orson Welles. Así, encontraremos versiones dirigidas tanto por Huston – la ya citada *The Night of the Iguana* (1964) sobre una obra de teatro de Tennessee Williams o *Reflections in a Golden Eye* (*Reflejos en un ojo dorado*, 1967), basada en la novela de la escritora sureña Carson McCullers –, como por Kubrick, entre las que destacan *Lolita* (basada en la novela homónima de Vladimir Nabokov) o *2001: A Space Odyssey*, sobre la novela de Arthur C. Clarke. Todas estas grandes versiones coinciden con la que es, en opinión de crítica y público en general, una de las mejores adaptaciones de la historia, y cuyo protagonista, Atticus Finch, ha sido considerado el "héroe" cinematográfico por excelencia de todos los tiempos: nos referimos a *To Kill a Mockingbird* (*Matar a un ruiseñor*, Robert Mulligan, 1962).

En esta década de profundos cambios a nivel social, político, económico y cultural, hay una constante que en mi opinión es digna de mención: los clásicos de la literatura universal parecen haber dejado de llamar la atención de los cineastas norteamericanos, que optan por llevar a la pantalla textos más "modernos", escritos por autores contemporáneos, como es el caso de *Breakfast at Tiffany's* (*Desayuno con diamantes*, Blake Edwards, 1961) o *In Cold Blood*, (*A sangre fría*, Richard Brooks, 1967), ambas basadas en textos de Truman Capote, o *The Swimmer* (*El nadador*, Frank Perry, 1968), basado en un relato de John Cheever.

---

homes had at least one TV set. ... With a steep decline in weekly theatre attendance, studios were forced to find creative ways to make money from television – converted Hollywood studios were beginning to produce more hours of film for TV than for feature films. ... by mid-decade, the major studios began selling to television their film rights to their pre-1948 films for broadcast and viewing. The first feature film to be broadcast on US television (on November, 1956) during prime-time, was The Wizard of Oz (1939). Para más información consultar http://www.filmsite.org/50sintro.html, última consulta el 4 de marzo de 2013.

En el siguiente período, de los años 70 a los 90, se combinan ambas tendencias, la de versionar *best-sellers* como *The Godfather* (*El Padrino*, F. Ford Coppola, 1972–1990), escritos por Mario Puzo, y la de realizar nuevas adaptaciones de filmes clásicos, como *Wuthering Heights* (*Cumbres borrascosas*, Peter Kosminsky, 1992) basada en la novela de Emily Brontë, o la revisión de *Romeo + Juliet* dirigida por Baz Luhrman en 1996.

Y, mientras tanto, ¿qué estaba haciendo el "enemigo", la pequeña pantalla que tanto mermaba las audiencias cinematográficas? En la televisión británica dos producciones que tuvieron gran repercusión internacional produjeron un fenómeno en las audiencias y fueron la punta de lanza de las miniseries que adaptan obras literarias para la pequeña pantalla: *I, Claudius* (*Yo, Claudio*, BBC & London Film Productions, 1976), basada en la novela histórica de Robert Graves, y *Brideshead Revisited* (*Retorno a Brideshead*, Granada Television, 1981), basada en la novela de Evelyn Waugh. El formato de miniseries se ha ido consolidando hasta el día de hoy como el más adecuado para versionar obras literarias, ya que permite adaptar los textos casi íntegramente y tanto en el caso de miniseries (como *John Adams*, HBO, 2008, basada en la novela de David McCullough sobre la vida del segundo presidente de los Estados Unidos), como en series de varias temporadas, es el elegido actualmente en detrimento del formato cinematográfico para obras de gran longitud. Se pueden sacar a colación a este respecto dos ejemplos, que no sólo son comparables entre sí, ya que ambas pertenecen al género fantástico, sino que demuestran dos valientes intentos de llevar a la pantalla dos *magna opera*: por un lado está la trilogía de *The Lord of the Rings* (*El Señor de los Anillos*, J.R.R. Tolkien/Peter Jackson, 2000–2003) y, por otro, la saga de *Game of Thrones* (*A Song of Ice and Fire/Juego de Tronos, Una canción de hielo y fuego*, George R.R. Martin/HBO, 2011–), producida por el canal de cable norteamericano HBO, responsable de algunas de las series que están consideradas más claramente de culto. Si ya Peter Jackson y Fran Walsh hicieron esfuerzos ímprobos para conservar los personajes y las tramas más importantes de la obra de J.R.R. Tolkien, y muchos lectores les acusaron de "traicionar" el original, sólo hay que revisar los blogs[14] de *Game of Thrones* que abundan por internet para comprobar las acaloradas

---

14 Para muestra, cuatro botones: "Game of Thrones (Juego de Tronos)" http://gameofthrones.wordpress.com/; "Winter is coming" http://winteriscoming.net/; "All sorts of weird stuff: The worlds of George R.R. Martin", http://www.westeros.org/ASoWS/; o la página oficial de la HBO, "Making Game of Thrones" http://www.makinggameofthrones.com/.

discusiones que se suscitan sobre los cambios que se han hecho en el guión con respecto al original, en muchos casos ¡con el permiso del mismísimo George R.R. Martin!

Game of Thrones es el penúltimo ejemplo de ambiciosas versiones realizadas para televisión de obras literarias, digna heredera de otras llevadas a cabo por televisiones generalistas como la BBC – la que sentó las bases del estilo y de las series de calidad – o la TVE, que vieron en este medio un gran escaparate para la difusión de obras basadas en los clásicos. Así, ya en 1950, las novelas de Jane Austen comenzaron a ser adaptadas para la BBC y otras productoras como Showcase, por no hablar de la magnífica producción de toda la obra de Shakespeare, filmada para la BBC entre 1978 y 1985[15]. A nivel nacional, tampoco sorprenderá, salvo al lector más joven, saber que en la Televisión Española se llevó a cabo un proyecto que lamentablemente no ha tenido continuidad. Entre 1980 y 1995 se realizaron series basadas en clásicos de la literatura española: desde *Don Quijote de la Mancha* en sus versiones de 1980 y 1991[16], a versiones de grandes obras de los escritores realistas/naturalistas: *Fortunata y Jacinta* (Pérez Galdós, 1887/Mario Camus, 1980), *La Regenta* (Leopoldo Alas, "Clarín", 1884–85/Méndez Leite, 1995), *Los pazos de Ulloa* (Emilia Pardo Bazán, 1886–87/Gonzalo Suárez, 1985), o dos de las grandes novelas valencianas de Vicente Blasco Ibáñez, *Cañas y barro* (1902/Romero Marchent, 1978) y *La barraca* (1898/León Klimovsky, 1979). Por último, en

---

15 Sólo por nombrar las obras más conocidas, según aparecen listadas por la Internet Movie Database [IMDb], hasta el momento hay 7 adaptaciones televisivas de Pride and Prejudice (Orgullo y prejuicio), realizadas por la BBC en 1949, 1952, 1958, 1967, 1980 y 1995, y una por la RAI en 1957; de Sense and sensibility (Sentido y sensibilidad), son 3, realizadas en 1950, 1971 y 1981; y de Emma, son otras tres, de 1960, 1972 y 2009. Todo eso sin considerar las películas producidas para TV o los largometrajes comerciales, que también han obtenido un gran éxito internacional. Para más información, véase la página de IMDb – http://www.imdb.com/name/nm0000807/. En cuanto a la BBC Television Shakespeare, ver http://www.screenonline.org.uk/tv/id/459382/index.html

16 La serie de 1979–80 es mítica para aquellos cuya infancia haya coincidido con su estreno, ya que además de los deliciosos dibujos animados, las voces de Fernando Fernán Gómez en el papel de Alonso Quijano el Bueno y de Antonio Ferrandis como Sancho aún resuenan en la memoria. En cuanto a la serie de 1990, aquel lector que no la haya visto puede recuperarla ahora gracias a internet, en la página oficial de Radio Televisión Española, que la denomina "la serie más ambiciosa en la historia de TVE" y "una de las mejores series de la televisión": http://www.rtve.es/television/el-quijote/.

1982 se filmó uno de los clásicos modernos de la literatura española del siglo XX, que se convertiría en un gran éxito de crítica y de público: *Los gozos y las sombras*, de Gonzalo Torrente Ballester/Rafael Moreno Alba. Lamentablemente, tanto la televisión pública como las privadas abandonaron la idea de filmar los clásicos, probablemente por cuestiones económicas, relacionadas con sus altos costes de producción y, de hecho, estas series de corte histórico y de gran presupuesto no se han vuelto a ver en abierto hasta estos últimos años, con el auge de *Cuéntame cómo pasó, Águila Roja, La Señora, 14 de abril: La República o Gran Hotel*, por nombrar sólo algunas de las que más éxito han conseguido.

Hemos repasado hasta ahora lo que ha supuesto la fructífera relación entre literatura, cine y televisión a lo largo del siglo XX. En el siguiente apartado nos referiremos someramente a cuestiones terminológicas, aquellas que más controversia han creado entre los críticos, y que pondrán las bases para los capítulos siguientes de este volumen, en que se analizan diversos aspectos de la adaptación de *El rey León*.

3. ¿Adaptación, traducción, trasvase, recreación?

La falta de consenso sobre el término que hemos de utilizar para referirnos al proceso de transformación de un texto original literario en uno cinematográfico ha propiciado que diferentes analistas hayan aportado su contribución, entre los cuales están tanto los estudiosos de la teoría literaria y de literatura comparada como los historiadores del cine, pero no se ha logrado alcanzar un acuerdo satisfactorio, de ahí que sigamos debatiendo sobre este tema. Como bien señala Sánchez Noriega (2010: 6), la de la adaptación es la "cuestión estrella", por una capacidad intrínseca de crear polémica, así como de aparecer una y otra vez en cualquier trabajo sobre literatura y cine:

> Adaptación de textos literarios al cine, adaptaciones fílmicas, transposiciones, trasvases, recreaciones, variaciones o traducciones: ni siquiera hay unanimidad en la conceptualización, lo que da cuenta de la pluralidad de herramientas teóricas y metodológicas con que se aproximan a la cuestión los estudiosos.

En este apartado, intentaremos resumir qué es lo que la crítica ha entendido por 'adaptación'. Antes de comenzar, no obstante, hemos de enfrentarnos con las limitaciones y problemáticas planteadas por este término. Así, cualquier lector interesado ha de gestionar diversas aseveraciones igualmente categóricas. Por un lado, existe la opinión generalizada entre los espectadores de que "adaptar es cambiar", lo que esconde una visión, a menudo inconsciente, de que todo cambio implica empeoramiento, debido a que la literatura y el cine son dos medios de expresión totalmente diferentes que nunca se pueden aunar, ya la palabra sugiere mientras que la imagen muestra. Hay otros que hablan de que son dos medios de expresión similares, ya que el cine no es sólo imagen, y la literatura no es solo palabra, con lo que la pregunta de qué hay que adaptar sigue sin resolverse.

Además, hay escritores y críticos que dan por supuesto que "adaptar es cortar", en lo que conforma uno de los procesos más habituales a la hora de llevar un texto original literario a la pantalla. Así, encontramos casos de hipertextos en que se eliminan tramas y/o personajes secundarios, o bien se suprimen escenas redundantes o aquellas que resultan superfluas en la narrativa que quiere transmitir el guionista. En ocasiones se eliminan personajes o se amalgaman los rasgos fundamentales de varios personajes en uno solo, como por ejemplo el caso de Mrs. Manson Mingott, la matriarca de la familia en *The Age of Innocence* (La *edad de la inocencia*, Martin Scorsese, 1993), en la que se compendian sus rasgos con los del personaje de la bohemia Medora Manson.

Esta casuística de cortes o supresiones de elementos del texto original se refiere claramente a lo que sucede a menudo en la transposición de una novela, pero no de un relato breve, ya que en ellos los procesos de adaptación implican todo lo contrario, es decir, el aumento de tramas o de personajes basándose en la ampliación de algún rasgo característico, como sucede en un caso paradigmático como la versión cinematográfica del relato de Hemingway "The Killers" (*Forajidos*, Robert Siodmak, 1945). Para conseguir que la trama de este largometraje fuese suficientemente extensa y compleja, el guionista se centró en explicar la vida pasada del Sueco; de este modo, aunque el protagonista es asesinado al principio de la película, mediante la aplicación de los paradigmas del género de detectives, se amplía la trama con el fin de resolver el enigma de por qué los forajidos del título matan al Sueco.

La complejidad inherente al proceso de traslación de un original literario al cine ha llevado a algunos críticos, como Cahir (2006: 14), a desestimar por completo la noción de 'adaptación', quienes entienden el término en su acepción más científica, como proceso de adecuación al medio, en lugar del que se reduce a cambiar o cortar elementos del original[17]:

---

17   Traducción mía, cursivas de Cahir.

Mientras que es comprensible y habitual que nos refiramos a las películas basadas en obras literarias a menudo como adaptaciones, el término "adaptar" implica alterar la estructura o la función de un ente para que se adapte mejor para sobrevivir, y multiplicarse en su nuevo entorno. Adaptar es mover a *ese mismo ente* a un nuevo entorno. En el proceso de adaptación, sobrevive el mismo ente sustantivo que entró a formar parte del proceso, aunque experimente una modificación – a veces una mutación radical – en su esfuerzo por *acomodarse* a su nuevo entorno.

Teniendo en cuenta el carácter controvertido de la noción que nos ocupa, parece pesar más su resurgimiento cual ave fénix cada vez que hablamos de literatura y cine, por lo que gran parte de la crítica continúa empleando 'adaptación' como término 'no marcado', razón por la cual la conservamos en este trabajo. Es el momento, además, de referirnos a los llamados 'tipos de adaptaciones', según los hipertextos estén más o menos alejados del original literario. Siguiendo a Sánchez Noriega (2000), haremos un repaso de los casos y de sus principales características:

- **Transposición,** también llamada 'adaptación fiel' o 'literal'. Se trata de hacer una copia 'exacta' del original literario. Ha sido el tipo de adaptación preferido por la industria de Hollywood, ya que suele responder a las expectativas del público. Para poner un ejemplo actual y conocido de los lectores, podríamos mencionar la saga de las películas de *Harry Potter*.
- **Reinterpretación:** esta clase de adaptación retiene lo fundamental de la estructura narrativa original pero realiza una nueva interpretación, generalmente con el fin de ajustarla al mundo contemporáneo. Exige una mayor simplificación y selección que la transposición, con lo que hay más cambios con respecto al texto literario de partida. Algunos ejemplos ilustrativos pueden ser *Dracula de Bram Stoker* (Francis Ford Coppola, 1992); *The French Lieutenant's Woman* (*La mujer del teniente francés*, Karel Reisz, 1981), basado en la novela homónima de John Fowles; o *Romeo + Juliet* (Baz Luhrman, 1996).
- **Reelaboración analógica:** también llamada 'adaptación libre'. En este caso, el texto original literario es considerado solo un pretexto, una fuente de inspiración para el cineasta, que solo retiene aquel elemento que le resulta interesante o necesario para la historia que quiere contar. Dos de los ejemplos paradigmáticos de este tipo de adaptación son *Apocalypse Now*, (Francis Ford Coppola, 1979), basado en la novela Heart of Darkness (*El corazón de las tinieblas*, 1902) escrita por Joseph Conrad; otro es Blade Runner (Ridley Scott, 1982), basado en el relato breve de Philip K. Dick

titulado "Do Androids Dream of Electric Sheep?" ('¿Sueñan los androides con ovejas eléctricas?', 1968)[18].

Esta clasificación no es incompatible con otra alternativa y más reciente, la que ofrece Cahir (2006: 10 y ss), y que en teoría podría resultar pertinente para este volumen, ya que no habla de 'adaptación' sino de 'traducción' para referirse al proceso que se opera sobre un texto literario a la hora de trasladarlo al cine. Para esta analista norteamericana, el acto de traducir, al contrario que adaptar, es una cuestión de cambio de lenguaje, de mover el texto de un lenguaje a otro, y no un proceso de supervivencia y re-generación. Mediante la traducción se crea un ente materialmente diferente, un texto completamente nuevo, que mantiene una gran relación con el texto base original pero que es a la vez completamente independiente de él. En el caso de las versiones de textos literarios al cine, podemos leer y apreciar la traducción sin necesidad de leer el original. Así, afirma Cahir (2006: 14) que si pensamos en una película basada en un texto literario, debemos entender que:

• Cada acto de traducción es simultáneamente un acto de interpretación.
• A través del proceso de traducción emerge un nuevo texto, *un ente único*, no una mutación de la materia original, sino un trabajo completamente nuevo, que es, tanto en la forma como en la función, independiente de su fuente literaria.
• Los traductores fílmicos de obras literarias se enfrentan con los mismos retos, dilemas, las elecciones interpretativas, la libertad y la responsabilidad a la que hace frente cualquier traductor[19].

Estamos de acuerdo con estas reflexiones de Cahir, sobre todo en lo que se refiere a la necesidad de considerar que el producto resultante de un trasvase o una traducción a partir de un texto original ha de ser considerado un nuevo ente, independiente del hipotexto originario. En ello, coincido con muchos

---

18 Corrigan (1999: 20–21) habla de estos tres tipos de adaptación como "transposición", "comentario" y "analogía". Además, recoge en su libro un resumen de la sección sobre "Adaptación" que incluye Andrew (1984), donde se señalan los tres modos de adaptación: "borrowing" o préstamo; "intersecting" o intersección y "transforming" o transformación.
19 Traducción mía.

otros críticos en afirmar que nos han maniatado unas cadenas invisibles que nos han impedido avanzar en el análisis, en lugar de facilitarlo. La crítica parece haber llegado al consenso de algo que los defensores acérrimos de la comúnmente llamada "adaptación fiel" parecen no haber apreciado. Si toda adaptación es cambio, y en el mundo animal se acepta que esos cambios son buenos, positivos para la supervivencia de la especie, ¿por qué razón los espectadores van a ver una película basada en una novela y pretenden – no todos, claro está – que no haya NINGÚN cambio?

De ahí que resulta sorprendente que la clasificación que propone Cahir en su libro se parece demasiado a la que ya hemos mencionado anteriormente, y no sólo en la terminología, sino en los conceptos que analiza en la práctica concreta. Ella propone tres 'formas o modos distintivos' según los cuales las películas traducen las obras literarias, que representan distintos objetivos, y diversos valores traductivos, ya que cada una se fija en un rasgo diferente del texto literario original a la hora de traducirlo (Cahir, 2006: 16–17)[20]:

Traducción literal: aquella que reproduce prolijamente la trama y todos sus detalles, de la forma más cercana posible a la letra del libro.
Traducción tradicional: aquella que mantiene los rasgos generales del libro (la trama, el escenario, las convenciones estilísticas) pero moderniza algunos detalles particulares, de la forma concreta que le parece adecuada y necesaria al cineasta.
Traducción radical: aquella que reforma el libro de manera extrema y revolucionaria, de modo que interpreta la obra literaria y hace de la película una obra más independiente.

Surgen, como consecuencia de todas estas reflexiones críticas, algunas preguntas clave. En primer lugar, ¿qué es lo que hemos de analizar al hablar de una adaptación? Segundo: ¿en qué medida resulta útil y positivo aplicar estos parámetros (requerimientos, modos de adaptación) a la hora de estudiar una adaptación como *El Rey León*?

Ya que no es mi cometido en este volumen realizar un análisis de la película que nos ocupa, creo que, llegados casi al remate de este capítulo introductorio, puede ser de utilidad esbozar algunas consideraciones parciales, que no

20 Traducción mía.

conclusiones, sobre lo que pasaría si sólo aplicásemos el criterio de fidelidad a la obra original como el que debería regir la versión cinematográfica resultante.

Si seguimos solo el parámetro más apreciado por los espectadores al hipotexto original, una adaptación como *El Rey León* quedaría fuera de los corpus de análisis por varias razones; una de ellas – y no la menos importante – es que los espectadores, ya sean adultos o jóvenes, no van a verla esperando una versión fiel al *Hamlet* de Shakespeare, lo que justifica la siguiente afirmación de Geraghty (2008: 3): "El énfasis en el lector es útil pero sugiere que la perenne cuestión sobre la fidelidad no es tanto un asunto [que compete a] análisis textual sino un trabajo sobre la recepción. La fidelidad es importante si le importa al espectador." La fidelidad se convierte en un criterio esencial a nivel de la recepción y está directamente relacionada con las expectativas del público, que como ya hemos mencionado, en muchos casos demanda ver en la pantalla una copia exacta de lo que ellos han imaginado durante el proceso de lectura del hipotexto de Shakespeare.

En esta misma línea, Geraghty (2008: 3) cita a Grant, quien propone que las adaptaciones deben ser comprendidas como parte del proceso de recepción, "para comunicar su estatus como adaptaciones [las películas y sus discursos adyacentes] deben hacer que el público *recuerde* la obra adaptada, o el recuerdo cultural que suscita. No existe… ninguna 'adaptación secreta'". Una vez que esto se consigue, la película en cuestión puede ser reconocida como adaptación tanto por aquellos espectadores que no hayan leído el original, por aquellos que lo hayan leído y que no les haya gustado, por los que lo hubieran leído pero no lo recuerden, o por cualquier otro caso parecido. Ese es el sentido del estudio de Geraghty (2008:4) sobre adaptaciones, en las que se centra no en el proceso de adaptación sino en las películas mismas y también en la labor de "recordar", que implica tanto un análisis textual como contextual.

Por último, resulta muy adecuado hacer referencia a las palabras de McFarlane (2007: 16) en un capítulo titulado "Reading film and literature". Habla este experto de varias concepciones erróneas que han guiado nuestra "lectura" de las versiones cinematográficas de obras literarias, la primera de las cuales, claro está, es la fidelidad al hipotexto, pero hay otras cuestiones que nos deben hacer pensar, porque plantean una limitación de nuestra interpretación ya desde la base: mucha gente cree que para "traducir" las palabras, las frases, las cláusulas de un libro y darles su sentido, necesitamos emplear nuestra imaginación, pero este ejercicio no hace falta para "leer" una película, porque nos lo dan todo hecho:

> The second misconception, and at this stage more important, is that film makes fewer demands on the imagination than a book does. This kind of thinking is based on the belief – erroneously in my view – that coming to terms with a continuous narrative

involving a set of characters operating in a given time and place enjoins a greater effort on the part of the reader than it does on the viewer. There it all is, exponents of this view will say, up there on the screen, leaving little for us to work on, whereas on the page we have to 'translate' those lines of black marks that constitute words, phrases, clauses and sentences into conceptual images. In carrying out this 'work,' more of our intellectual and emotional resources will necessarily be called into play...and the very effort will be good for us.

Explica McFarlane algo que es evidente, aunque se le escape al que concurre con la anterior opinión: que el mismo tipo de esfuerzo intelectual es necesario para leer un libro y entender su sentido como para leer una película y comprender todos los matices "escondidos" detrás del montaje, de la puesta en escena, del sonido, etc., y cada una de estas categorías del que McFarlane llama el "arsenal narrativo de la película" requiere que el espectador interactúe con ellas para poder aprehender todos los detalles.

La adaptación no es el único tipo de relación que se puede establecer entre el cine y la literatura, como demuestran los artículos de este volumen, que ilustran a la perfección el amplio espectro de análisis que se pueden plantear entre ambos campos.

Una última nota para referirme a la bibliografía incluida en este capítulo. Al tratarse de una reflexión general sobre el tema de la adaptación, he incluido no sólo las obras citadas en el texto de esta introducción, sino también aquellas que son ya referencia obligada para cualquier estudioso del tema (Baldelli, Beja, Bordwell, Gaudreault, por citar algunos del ámbito internacional, y Peña Ardid, Gimferrer, Ayala, Pérez Bowie, Utrera y Urrutia, en el panorama nacional). Además, he querido incluir alguna obra quizá más desconocida por referirse exclusivamente al ámbito televisivo.

Bibliografía citada

Baldelli, Pio, *El cine y la obra literaria*, La Habana: ICAIC [Ed. original en italiano, 1964], 1966.

Bluestone, George, *Novels into film*, Baltimore: Johns Hopkins University Press [1ª edición 1957), 2003.

Cahir, Linda Costanzo, *Literature into film: theory and practical approaches*, Jefferson, N.C.: McFarland & Co., cop. 2006.

Cartmell, Deborah e Imelda Whelehan (eds.), *The Cambridge Companion to Literature on Screen*. Cambridge: Cambridge University Press, 2007.

– (eds.), *Adaptations: from text to screen, screen to text*, London: Routledge, 1999.

Corrigan, Timothy, "Literature on screen, a history in the gap", en Cartmell, Deborah e Imelda Whelehan (eds.), *Adaptations: from text to screen, screen to text*, London: Routledge, 29–43, 2007.

–, *Film and Literature: An Introduction and Reader*, Upper Saddle River, N.J.: Prentice Hall, 2000.

Dardis, Tom, *Some Time in the Sun: The Hollywood Years of F. Scott Fitzgerald, William Faulkner, Nathanael West, Aldous Huxley and James Agee*, New York: Limelight Ed. [1ª ed. Londres: André Deutsch, 1976], 1988.

Eisenstein, Sergei, "Dickens, Griffith and the Film Today", en *Film Form: Essays in Film Theory*, ed. y trad. al inglés Jay Leyda [1ª ed. 1949. 2ª ed. San Diego: Harcourt Brace Jovanovich, 1977], 200–205, 1944.

Entrambasaguas, Joaquín de, *Filmoliteratura. Temas y ensayos*, Madrid: CSIC, 1954.

Fra López, Patricia, *Cine y literatura en F. Scott Fitzgerald: del texto literario al guión cinematográfico*, Santiago: Universidade de Santiago de Compostela, 2002a.

–, 1º semestre. "O guión dentro dos estudios da adaptación de textos literarios ó cine: *The Last Tycoon* de Fitzgerald, Pinter y Kazan", en *Boletín Galego de Literatura*, nº 27, 27–67, 2002b.

– y Mª Teresa Vilariño Picos (coord.), 1º semestre. "Literatura e cinema", monográfico del *Boletín Galego de Literatura*, nº 27, 308, 2002.

Fuzellier, Étienne, *Cinema et literature*, París: Editions du Cerf, 1964.

Geraghty, Christine, *Now a major motion picture: film adaptations of literature and drama*, Lanham: Rowman & Littlefield Publishers, 2008.

Goldman, William, *Adventures in the Screen Trade: A Personal View of Hollywood and Screenwriting*, New York: Warner Books (trad esp. José García Vázquez, *Aventuras de un guionista en Hollywood*, Ed. Plot, 1992), 1983.

Leglise, Paul, *Un oeuvre de précinema: L'Eneide*, París: Nouvelles Editions Debresse, 1958.

Magny, Claude-Emond, *L'age du roman americain*, Paris: Seuil. [Trad. *La era de la novela norteamericana*, Buenos Aires, Ed. Juan Goyanarte, 1972], 1948.

McFarlane, Brian, "Reading film and literature", en Cartmell, Deborah e Imelda Whelehan (eds.), *Adaptations: from text to screen, screen to text*, London: Routledge, 15–28, 1999.

Metz, Christian, *Essais sur la signification du cinema*, Paris: Klincksieck, 1971.

Mitry, Jean, *Esthétique et psychologie du cinema*, Paris: Editions Universitaires, 1963.

Richardson, Robert, *Literature and film*, Bloomington: Indiana University Press, 1969.

Roppars-Willeumier, Marie-Claire, *De la littérature au cinema*, París: Armand Colin, 1970.

Sánchez Noriega, José Luis, "De los literatos descontentos a los escritores-cineastas y los relatos fílmico-literarios", *ARBOR: Ciencia, Pensamiento y Cultura*, CLXXXVI 741, 5–23, 2010.

–, *De la literatura al cine: Teoría y análisis de la adaptación*, Barcelona: Paidós, 2000.

Spiegel, Alan, *Fiction and the Camera Eye: Visual Consciousness in Film and the Modern Novel*, Charlottesville: University of Virginia Press, 1975.

Winkler, Martin (ed.), *Classical Myth and Culture in the Cinema*, Oxford: Oxford University Press, 2001.

Recursos online citados (blogs y páginas web)

Última consulta: 4/03/2013.

"Austen, Jane". http://www.imdb.com/name/nm0000807/.

British Film Institute online. The BBC Television Shakespeare (1978–1985). http://www.screenonline.org.uk/tv/id/459382/index.html.

Blogs sobre Game of Thrones: Game of Thrones (Juego de Tronos). http://gameofthrones.wordpress.com/.

"Winter is coming". http://winteriscoming.net/.

"All sorts of weird stuff: The worlds of George R.R. Martin". http://www.westeros.org/ASoWS/.

Página oficial de la serie en la HBO, "Making Game of Thrones". http://www.makinggameofthrones.com/.

Compostela Cine Classics. https://es-la.facebook.com/compostela.cineclassics.

Dirks, Tim. "The History of Film. The 1950s. The Era of Epic Films and the Threat of Television". http://www.filmsite.org/50sintro.html.

El Quijote. http://www.rtve.es/television/el-quijote/.

Harrington, Rebecca, "A Modest Defense of Matthew MacFadyen's Darcy", HuffPost Books. http://www.huffingtonpost.com/rebecca-harrington/a-modest-defense-of-matth_b_2552393.html?utm_hp_ref=books.

Melinda, "The Many Faces of Jane Eyre", Blog Two is Company, Eleven's Like Heaven, post del 19 de abril de 2011. http://cummingsfam.blogspot.com.es/2011/04/many-faces-of-jane-eyre.html.

Metivier, Anthony. "George Bluestone. Department of Adaptation Studies. Scriptcastle.com". Subido el 29/01/2012. http://www.youtube.com/watch?v=SKtwCLmGBCw&-feature=relmfu.

Romea Castro, Celia "Jane Eyre", en el Blog Cine de literatura, publicado el 19/12/2011. http://www.cine-de-literatura.com/2011_12_18_archive.html.

Bibliografía recomendada

Aragay, Mireia (ed.), *Books in motion: adaptation, intertextuality, authorship*, Amsterdam: Rodopi, 2005.

Ayala, Francisco, *El escritor y el cine*, Madrid: Cátedra, 1996.

Aycock, Wendy y Michael Schoenecke, *Film and literature: a comparative approach to adaptation*, Lubbock (Texas): Texas Tech University Press, 1988.

Beja, Morris, *Film and Literature: an Introduction*, New York: Longman, 1979.

Bordwell, David, Janet Steiger y Kristin Thompson, *The Classical Hollywood cinema: film style and mode of production to 1960*, London: Routledge, 1994.

Boyum, Joy, *Gould Double Exposure: Fiction into Film*, New York: Plume, 1985.

Brady, Ben, *Principles of Adaptation for Film and Television*, Austin, Texas: Univ. of Texas Press, 1994.

Branigan, Edward, *Narrative Comprehension and Film*, London & New York: Routledge, 1992.

Cardwell, Sarah, *Adaptation Revisited: Television and the Classic Novel*, Manchester: Manchester University Press, 2002.

Cascajosa Virino, Concepción, *El espejo deformado: versiones, secuelas y adaptaciones en Hollywood*, Sevilla: Universidad de Sevilla, Secretariado de Publicaciones, 2006.

Clerc, Jeanne Marie, *Littérature et Cinéma*, Paris: Nathan, 1993.

Cohen, Keith, *Film and Fiction: The Dynamics of Exchange*, New Haven: Yale University Press, 1979.

Company, Juan Miguel, *El trazo de la letra en la imagen. Texto literario y texto fílmico*, Madrid: Cátedra, 1987.

Conger, Syndy y Janice R. Welsch (eds.), *Narrative Strategies: Original Essays in Film and Prose Fiction*, Macomb, Western Illinois: University Press, 1980.

Davidson, Phebe Lewinston (ed.), *Film and literature: points of intersection*, New York: The Edwin Mellen Press, 1997.

Elliott, Kamilla, *Rethinking the novel/film debate*, Cambridge: Cambridge University Press, 2003.

Giddings, Robert y Erica Sheen (eds.), *The Classic Novel: From Page to Screen*, Manchester: Manchester University Press, 2000.

Gaudreault, André, *Du littéraire au filmique. Système du récit*, París: Méridiens Klincksieck, 1988.

George, David R. Jr, "Restauración y Transición en la Fortunata y Jacinta de Mario Camus", en López, Francisca; Elena Cueto Asín y David R. George, Jr. (eds.), *Historias de la pequeña pantalla: representaciones históricas en la televisión de la España democrática*, Madrid: Vervuert Iberoamericana, 53–72, 2009.

Giddings, Robert, Keith Selby y Chris Wensley, *Screening the Novel: The Theory and Practice of Literary Dramatization*, London: MacMillan, 1990.

Gimferrer, Pere, *Cine y literature*, Barcelona: Planeta, 1985.

Golden, Leon (ed.), *Transformations in Literature and Film: Selected Papers from the Sixth Annual Florida State University Conference on Literature and Film*, Tallahassee, Fl: Univ. Presses of Florida, 1982.

Gómez Mesa, Luis, *La Literatura española en el cine nacional: 1907–1977*, Madrid: Filmoteca Nacional, 1978.

Gómez Vilches, José, *Cine y literatura. Diccionario de adaptaciones de la literatura española*, Málaga: Ayuntamiento de Málaga, 1998.

Hutcheon, Linda, *A Theory of Adaptation*, Londres: Routledge, 2006.

Jost, François, *L'oeil caméra. Entre films et roman*, Lyon: Presses Universitaires de Lyon, 1978.

Klein, Michael y Gillian Parker (eds.), *The English Novel and the Movies*, New York: Frederick Ungar, 1981.

Lara, Antonio et al. (ed.), *Literatura española y cine*, [volumen dirigido por Norberto Mínguez Arranz], Madrid: Editorial Complutense, D.L., 2002.

López, Francisca, Elena Cueto Asín y David R. George, Jr. (eds.), *Historias de la pequeña pantalla: representaciones históricas en la televisión de la España democrática*, Madrid: Vervuert Iberoamericana, 2009.

McFarlane, Brian, *Novel to Film: An Introduction to the Theory of Adaptation*, Oxford: Clarendon Press, 1996.

Metz, Christian, *Langage et cinema*, París: Larousse, 1971.

Miller, Gabriel, *Screening the Novel: Rediscovered American Fiction in Film*, New York: Frederick Ungar Publishing Co., 1980.

Mínguez Arranz, Norberto, *La novela y el cine. Análisis comparado de dos discursos narrativos*. Valencia: Ediciones de la Mirada, 1998.

Moncho Aguirre y Juan de la Mata, *Cine y literatura. La adaptación en el cine español*, Valencia: Filmoteca Valenciana, 1986.

Morrissette, Bruce, *Novel and film. Essays in two genres*, Chicago y Londres: The University of Chicago Press, 1985.

Peary, Gerald y Roger Shatzkin (eds.), *The Classic American Novel and the Movies*, New York: Frederick Ungar Publishing, 1977.

–, *The Modern American Novel and the Movies*, New York: Frederick Ungar Publishing, 1978.

Peña-Ardid, Carmen, *Literatura y cine: una aproximación comparativa*, Madrid: Cátedra, 1992.

Pérez Bowie, José Antonio (ed.), *Reescrituras fílmicas: nuevos territorios de la adaptación*, Salamanca: Ediciones Universidad de Salamanca, 2010.

– (ed.), *La Adaptación cinematográfica de textos literarios: teoría y práctica*, Salamanca: Plaza Universitaria Ediciones, 2003.

Platas Tasende, Ana María, *Literatura, cine, sociedad: textos literarios y fílmicos*, Oleiros: Tambre, 1994.

Quesada, Luis, *La novela española y el cine*, Madrid: Ediciones JC., 1986.

Reynolds, Peter (ed.), *Novel Images: Literature in performance*, Londres y Nueva York: Routledge, 1993.

Ríos Carratalá, Juan y John Sanderson, *Relaciones entre el cine y la literatura: un lenguaje común*, Alicante: Universidad de Alicante, 1996.

Ross, Harris, *Film as Literature, Literature as Film. An Introduction to & Bibliography of Film's Relation to Literature*, New York: Greenwood Press, 1987.

Seger, Linda, *The Art of Adaptation: Turning Fact and Fiction into Film*, New York: Holt, 1992.

Sinyard, Neil, *Filming Literature: The Art of Screen Adaptation*, London: Croom Helm, 1986.

Stam, Robert y Alessandra Raengo (eds.), *Literature through film: realism, magic, and the art of adaptation*, Malden: Blackwell, cop., 2005.

–, *A companion to literature and film Malden*, MA: Blackwell Pub, 2004.

Urrutia, Jorge, *Imago litterae. Cine. Literatura*, Sevilla: Alfar, 1984.

Utrera Macías, Rafael, *Literatura y cine. Adaptaciones*, Sevilla: Padilla Libros, 2007.

–, *Literatura cinematográfica. Cinematografía literaria*, Sevilla: Alfar, 1987.

–, *Escritores y cinema en España: un acercamiento histórico*, Madrid: Ediciones JC., 1985.

Vanoye, Francis, *Récit Ecrit, Récit Filmique*, Paris: Editions Nathan, 1989.

Wagner, Geoffrey A., *The Novel and the Cinema*, New Jersey: Associated University Press, 1975.

Wolf, Sergio, *Cine-literatura: ritos de pasaje*, Buenos Aires: Paidós, 2001.

Bamblet: Shakespeare y Disney se van a África, o casi

Anxo Abuín González
Universidade de Santiago de Compostela
anxo.abuin@usc.es

> What a piece of work is a man! how noble in reason! how infinite in faculty! in form and moving how express and admirable! in action, how like an angel! in apprehension, how like a god! the beauty of the world, *the parangon of animals*
>
> (*Hamlet*, II, ii, 26–30)

1. All the world is a market

Mi experiencia con *El Rey León* (*The Lion King*, Allers y Minkoff, 1994) se inicia una tarde de sábado en un cine de barrio. Acompaño a mi sobrina de seis años a la proyección del filme de Disney con la misma confianza ingenua de otras ocasiones. Disney me garantiza un momento de diversión, entretenimiento y felicidad compartida con los más pequeños. No sucede así, sin embargo, esta vez, pues las imágenes de muerte violenta del padre, la tristeza y destierro del protagonista, aunque atenuadas por el colorido de los dibujos animados y por el tono cómico de algunas secuencias, asustan de tal modo a mi acompañante que no tardamos en salir de la oscuridad de la sala. Luego vendría la contemplación del DVD, mucho más tranquila y satisfactoria en el espacio familiar de la casa. Seguramente, a la aparición de ese sentimiento inicial de temor no era ajena la existencia de un hipotexto teatral cuya presencia mi sobrina desconocía, por supuesto: el *Hamlet* de William Shakespeare, una pieza sobre las pasiones humanas a cuya grandeza un niño podría difícilmente acceder.

Mi caso no es muy representativo, sobre todo si tenemos en cuenta el éxito inmediato del filme en el mercado mundial (taquillazo y veintisiete millones de copias vendidas del DVD, "the Disney's most successful product", según Dundes y Dundes, 2006: 479), pero me ha ayudado a mirar los productos de la factoría Disney con cierta desconfianza y, desde luego, con ojos mucho menos inocentes. Más tarde, a partir de los trabajos de Dorfman y Mattelart

(1972) o Giroux (2000, 2001 y 2003)[1], entre otros muchos, he comprendido que a veces los filmes infantiles adoctrinan a los niños en los secretos de la vida adulta sin que estén necesariamente preparados para ello, a la vez que profundizaba en la ambigüedad inherente en la propuesta de Disney: por una parte, se presenta un "paisaje de deseos" compuesto de fantasías, sueños y esperanzas utópicas (la Arcadia feliz de la América provinciana); por otra, Disney significa "el eclipse de la inocencia infantil", instrumentalizada en una operación de transmisión e imposición de los valores fundamentales de la cultura burguesa norteamericana (el individualismo, el consumismo o la familia tradicional, por ejemplo), que se dan como invariables y universales. Sus filmes funcionan así como una "máquina educadora" que garantiza la *disneyficación* de América y el mundo, la incorporación de sus símbolos al más puro ámbito de lo cotidiano. Los ideologemas resultantes incluyen, asimismo, la subordinación de la mujer, los estereotipos racistas, la defensa de las relaciones sociales antidemocráticas o la exhibición naturalizada del pasado colonial como el mejor pasado de los posibles. Puede ilustrarse el carácter reaccionario de la ideología Disney con la letra de "Noches de Arabia", una canción de *Aladdin* (Clements y Musker, 1992), y su visión despectiva de la cultura árabe; con el personaje de Mushu, el dragón de *Mulan* (Bancroft y Cook, 1998), a quien da voz *negra* Eddie Murphy; con el saneamiento de la historia en *Pocahontas* (Gabriel y Goldberg, 1995), con la sexualidad negativizada de Ursula en *The Little Marmaid* (Clements y Musker, 1989)… Según esta perspectiva, y parafraseo ahora a Dorfman en sus estudios de raíz althusseriana sobre la recepción del pato Donald o del elefante Babar (2001), en nuestra sociedad capitalista la literatura infantil de consumo masivo tiene como función el que el niño acepte las contradicciones del sistema (el autoritarismo, la pobreza o el consumismo) como *naturales*, esto es, como destino o *fatum*. Se trata, en definitiva, de internalizar unos presupuestos ideológicos muy marcados, unas determinadas formas de pensar o de vivir, con el único fin de que la realidad quede reafirmada tal y como es.

No olvidemos tampoco las agresivas estrategias empresariales que bombardean la vida de los niños con cada estreno de Disney, en campañas globalizadas que aspiran a vender el máximo de productos de promoción en el tiempo

---

1   Véase la posición contraria, mantenida prácticamente en solitario, de Brode (2005), que ve en los productos Disney la presentación positiva de la diferencia en lo que se refiere a la defensa de los derechos de los indígenas norteamericanos, los gays, las mujeres, las otras etnias…

más reducido[2], porque, como dice Giroux, "al final del siglo XX, la infancia no se acaba como categoría histórica y social; simplemente, se la ha transformado en una estrategia de mercado y en una estética de moda para expandir las necesidades que, en cuanto consumidores, tienen los adultos privilegiados que viven en una cultura de mercado en la que no caben muchas preocupaciones con respecto a las consideraciones éticas, los espacios no comerciales o las responsabilidades públicas" (2000: 29). Parafraseando la célebre máxima de Jaques en *As You Like It*, "All the world's a market, and all the men and women merely consumers" (II, vii, 139–166).

2. El círculo de la vida

El Rey León (*ERL*) se abre con el nacimiento del león Simba, el hijo del rey Mufasa, en las "Pride Lands", una especie de Paraíso terrenal en el que los animales aceptan sin más, incluso alegremente, la autoridad del que manda, con la excepción de las hienas, que viven en la zona oscura. Desde lo alto de unas rocas, el sabio mandril Rafiki muestra al pueblo al heredero. La aparición de Simba relega de la sucesión al trono a su tío Scar, que, ambicioso de poder, se las arregla primero para eliminar a su hermano en una estampida provocada por sus aliadas las hienas y, tras hacer creer a Simba que él es el responsable de la muerte de su padre, enviar a su sobrino al destierro. Scar ordena el asesinato de Simba a las hienas, que lo persiguen entre las rocas, y se hace con el poder, pero Simba logra escapar a la jungla, donde es acogido por el suricata Timon y el jabalí Pumbaa. Cuando, ya crecido, encuentra a Nala, una amiga de la niñez, y a Rafiki, el mandril-chamán, Simba decide volver y conquistar el trono de las Pride Lands tras vencer en un combate cuerpo a cuerpo a su tío. Felices, Nala y Simba enseñan en la secuencia final a su hijo, el nuevo príncipe, desde lo alto de Pride Rocks.

El argumento de *ERL* no se aleja del paradigma de los grandes musicales de la casa: "la historia de un joven protagonista que triunfa sobre las fuerzas del mal con la ayuda de un mentor que goza generalmente de poderes mágicos,

---

2   Wickstrom (1999: 133) recuerda cómo rezaba un anuncio incluido en el programa del espectáculo The Lion King, la exitosa versión teatral del filme dirigida por Taymor estrenada en el New Amsterdam Theatre de Nueva York en 1997: "Enjoy your audience with the King. And remember, even in the jungle, American Express helps you do more". La publicidad y el consumo se insertan así, paratextualmente, en la ficción misma.

encarnando valores estadounidenses como el trabajo, el sacrificio, el amor a la familia y la creencia en los deseos" (Deleyto, 2003: 297–298). No busquemos tampoco en *ERL* (sin duda estaría fuera de lugar) la complejidad del original shakesperiano ni su amplísimo abanico de significados. *Hamlet*, si aceptamos la lectura canónica de Bloom (2002), nos habla del conflicto de un individuo consigo mismo, de la conciencia del ser humano en relación con los otros y con el sentido de la vida, de la amargura de existir en un mundo caótico e insensato, de una autodestrucción inevitable. Poco de eso, no nos engañemos, podría esperarse en un filme para niños realizado por Disney, aunque sea realizado por adultos. La fuerza de la fórmula es tal que diluye las huellas del original shakesperiano, por supuesto añadiendo los fundamentos ideológicos de la factoría. El final propuesto confirma los efectos satisfactorios del proceso social: el bienestar y la felicidad de su pueblo son evidentes; el mito arcádico se ha concretado: la vida santa y natural de los animales salvajes (poco importa que la acción se desarrolle en una África "desafricanizada") recupera la moralidad y la civilización, eliminando los roces entre explotados y explotadores. Desde ese momento, el mundo se volverá invariable, sin posibilidad ni necesidad de trasformación. Como dice Dorfmann (1983: 43–44), el triunfo del héroe sobre el mundo salvaje dramatiza asimismo la omnipotencia del patriarcado, mientras la mujer permanece en la esfera de lo inferior y marginal. La sobreimposición de lo individual sobre lo social, de lo biológico (lo masculino) sobre lo histórico, está en el corazón mismo de la manera en que educamos a nuestros niños. La pareja razón/irracionalidad se plasma en *ERL* en el motivo del animal que es buen líder, que trae el bien y la paz a sus compañeros salvándolos del Mal.

Para Gooding-Williams (1995), *ERL* refleja una actitud condescendiente respecto de África (los nativos se subordinan de manera absoluta a las leyes naturales) y la presencia de las culturas indígenas se limita al uso "exotista" de los colores del vestuario. El filme legitima, además, una estructura étnica estratificada (como la de Estados Unidos), en la que la luz se asocia a la raza blanca y la oscuridad a lo afro-americano. Mufasa y Simba (la estructura patriarcal), presentados como líderes carismáticos, personificarían el orden social o la autoridad incuestionable. El mensaje final es muy conservador, pues la moraleja concluye que lo importante es continuar "el ciclo de la vida", sin dudar de su necesidad, esto es, de forma inmutable y determinista. La canción "The Circle of Life"[3], que podríamos asociar sin más a la cadena alimenticia, celebra el

---

3   "It's the circle of life/and it moves us all/through despair and hope/through faith and love/till we find our place/on the path unwinding/in the circle/the circle of life".

nacimiento del heredero, en una ceremonia en la cual la familia real se sitúa en lo alto de un peñasco, mientras el resto de las criaturas, excepto Scar y las hienas, la observa desde abajo. Mufasa explicará luego a Simba su papel de rey (mantener el equilibrio, asegurar el cumplimiento de los roles sociales, hacer respetar los valores sociales) al enseñarle los límites de su territorio.

> Mufasa: Look Simba. Everything the light touches is our kingdom.
> Simba: Wow.
> Mufasa: A king's time as ruler rises and falls like the sun. One day Simba, the sun will set on my time here- and will rise with you as the new king.
> Simba: And this'll all be mine?
> Mufasa: Everything.
> Simba: Everything the light touches... What about that shadowy place?
> Mufasa: That's beyond our borders; you must never go there, Simba.
> Simba: But I thought a king can do whatever he wants.
> Mufasa: Oh, there's more to being king than -getting your way all the time.
> Simba: There's more? (...)
> Mufasa: Everything you see exists together, in a delicate balance. As king, you need to understand that balance, and respect all the creatures – from the crawling ant to the leaping antelope.
> Simba: But, Dad, don't we eat the antelope?
> Mufasa: Yes, Simba, but let me explain. When we die, our bodies become the grass. And the antelope eat the grass. And so we are all connected in the great Circle of Life[4].

La jerarquía viene impuesta por herencia y acompañada, naturalmente, por las cualidades de la bondad y la belleza. Así debe entenderse el "círculo de la vida" en la escena que abre el filme y que conecta además este estatus con la luz divina[5]. El héroe no cuestionará nunca este orden feudal; nadie lo hace y, si lo hiciera, como Scar, se convertiría en la representación del Mal y sería castigado por ello. Sólo la ley de la jerarquía garantiza el control y la felicidad social.

---

4   Puede consultarse el guión del filme en http://www.lionking.org/scripts/.

5   Subráyese el carácter circular del argumento, acentuado aún más en la versión en libro del filme Disney's The Lion King (The Walt Disney Company, 1994), publicado en España ese mismo año por Ediciones Gaviota, que se cierra con estas palabras: "At the morning sun touched the African plain. Simba thought of something his father had once told him: 'A king's time as ruler rises and falls like the sun. One day the sun will set on my time and rise with you as the new king'. Someday Simba would pass on these same words to his own son... continuing the unbroken circle of life".

Hay abundantes ejemplos que sustentan esta interpretación. Véase otra ilustración en la coreografía a lo Busby Berkeley que complementa el número cantado por Simba "I just can't wait to be a king". Scar, que simboliza desde el comienzo del filme la soberbia, el engaño, la manipulación y la violencia, violará esas reglas. Y, en su reencuentro, tras la anagnórisis, Nala le recordará a Simba su misión providencial, la de restaurar el centro socio-simbólico de la comunidad:

> You're alive. And that means you're the king! ... It's like you're back from the dead. You don't know how much this will mean to everyone ... What it means to me ... But I don't understand something. You've been alive all this time. Why didn't you come back... We've really needed you at home. It's your responsibility ... you don't understand, you are our only hope.

La formación de la identidad del espectador queda así anclada en actitudes ideológicas muy marcadas, tal y como había reconocido Althusser (1974).

3. Looking for Hamlet, by Chris Vogler

De este modo, *ERL* se constituye no tanto en una adaptación sino en uno más de los "cinematic offshoot" (Cohn, 1976; Howard, 2000) o derivativos (Miller, 2003: 163) que se realizaron en la década de los 90, entre ellos, *Pocahontas*, una muy lejana revisión de *The Tempest* de Shakespeare enfocada desde la idea de una *Mcmovie* o de un posible *McShakespeare*[6]: un lugar para que el espectador pueda negociar, o rastrear, las tradiciones multiculturales dentro de la homogeneidad global y articular las experiencias de desplazamiento y diáspora asociadas a identidades no occidentales. En todo caso, si hablamos de *ERL*, estamos ante un ejemplo perfecto de un "big-time Shakespeare", institucionalizado a partir de la apropiación de un capital cultural, como si de un artículo comercial se tratase, que sirve a "corporate goals, entrenched power structures and conservative cultural ideologies" (Bristol, 1996: 2–3).

---

6   Véase el estudio de Jess-Cooke (2006), en el que se remite la asociación de Shakespeare y el fast food al filme de Morrissette Scotland, PA (2001), una adaptación de El rey Lear. Jess-Cooke maneja los rasgos que Ritzer (2006) atribuye a la macdonaldización de la economía actual.

Los referentes culturales utilizados en *ERL* son variados. Si aquí podríamos hablar de una adaptación como "acknowledged transposition" de un drama, que se cita como fuente en el mismo guión, esto es, de un Shakespeare que funciona como recurso a una autoridad canónica (como diría Garber, "a monument to be toppled", 1987: 7), en realidad podríamos referirnos a un proceso interpretativo y creativo de apropiación que pone en cuestión el compromiso intertextual con la obra de partida y que se sitúa en lo que Hutcheon (2006: 93) denomina *expansión*: una fórmula narrativa sobre la que se acumulan referencias de todo tipo. Sin duda, comienzan con las cualidades mítico-épicas del bíblico José o de Moisés (la llamada de Dios en el episodio de la zarza ardiendo recreado en el *Éxodo*) en las palabras de Mufasa, y se asientan más tarde en los relatos "esenciales" a lo Joseph Campbell (1949).

Lo mítico se extiende a los motivos de la vida en el paraíso (el Jardín del Edén en donde se encuentran Simba y Nala), la lluvia purificadora o el exilio en el desierto-jungla remiten a historias arquetípicas, como el ritual del bautismo o los *rites de passage* (separación, transición e incorporación, como diría Victor Turner). El héroe pasa de un mundo ordinario a otro desconocido, en donde se inicia a las verdades de la existencia. Allí recibe la llamada de la aventura, que inicialmente rechaza por miedo o inseguridad, y emprende una tarea, a veces con la ayuda de una figura protectora. Cuando regresa con el conocimiento adquirido, logra sus objetivos y se produce su triunfo. El argumento de *ERL* se enmarca así en el terreno del *monomito* clásico, simplificado y abreviado: la historia de partida-prueba-retorno aliñada por el enfrentamiento maniqueísta entre el bien y el mal (Shelton y Jewett, 2002: 194). El simbolismo de la fábula es igualmente claro: el más poderoso gobernará a los otros, que habrán de festejar la justicia de esta opresión y santificar esta política de dominación. Incluso podría efectuarse una lectura edípica de *ERL* como monomito (Dundes, 2006), sustentada en la creencia de Simba en que es el asesino de su padre, en su enorme parecido físico con él (que lleva a Sarabi a confundirlo con Mufasa), en su papel de protector de su madre.

A la receta de *ERL* pueden aún añadírsele otros ingredientes animados de la misma Disney, como *Bambi* (Hand, 1942) o *The Jungle Book* (Reitherman, 1967)[7]; cinematográficos, como en la frase de Robert de Niro en *Taxi Driver* (Scorsese, 1976), "Are you talking to me?", que pronuncia Pumbaa hasta tres

---

7   Modenessi (2005) ha analizado las estrategias ideológicas de ERL que toman como punto de partida el universalismo shakesperiano, emparentando la descripción de las figuras negativas en ERL con los filmes de animación anti-nazi de Disney ("War effort

veces en la batalla final contra las hienas, o en la exhibición de artes marciales de Rafiki; musicales, en referencias al cantante de rock Lou Reed ("I walk on the wild side", exclama Simba al visitar con Nala el cementerio de elefantes) o a canciones célebres como "The Lion Sleeps Tonight" (sobre todo en la versión de The Tokens de 1961); o de la cultura literaria más popular (*Tarzán*). La deuda es más clara con la serie *manga* de Tezuka *Janguru taitei* (*El Emperador de la jungla*, 1951–2005), luego convertida en serie *anime* y más tarde "americanizada" para la NBC (1994) con el nombre de *Kimba the White Lion* (Yasumoto, 2008). Kimba es también un rey protector de sus compañeros animales, sometido igualmente a las conspiraciones de su tío.

En los materiales adicionales de la edición especial en DVD, los miembros del equipo, en especial los guionistas (Irene Mecchi, Jonathan Roberts, Linda Woolverton…), describen todas estas operaciones intertextuales con absoluta claridad y autoconsciencia. Allí se cita a los bíblicos José o Moisés, a Bruno Bettleheim o a Campbell, para justificar la utilización de "basic principles" o universales narrativos (traición, redención, familia, comunidad…) en la creación del guión. En este sentido, debió de ser importante la participación de Chris Vogler, según figura en los créditos, o Christopher Vogler, según firma en sus libros. Vogler es autor del famosísimo manual *The Writer's Journey* (1992), escrito precisamente en un momento en que trabajaba para la corporación Disney. En *ERL* se perciben las fases del viaje allí desarrolladas, desde el mundo ordinario hasta la aventura y el llamado *retorno con el elixir*. Están también los arquetipos: héroes, sombras (villanos y enemigos), los heraldos que traen un mensaje al héroe (Nala, por ejemplo), los guardianes del umbral (las dudas de Simba ante su misión), los embaucadores (Pumbaa y Timon) y los aliados.

En el documental tampoco se escatiman las referencias a Shakespeare. El origen del proyecto partió de una idea argumental definida como "*Bambi* en África con toques de Hamlet", esto es, *Bamblet*, tal y como los guionistas lo denominaban irónicamente al principio del proyecto. En efecto, *Bambi* es la historia de un cervatillo, el Gran Príncipe del Bosque, que ve cómo su madre es asesinada por unos cazadores. Tiene como amigos al conejo Tambor, a la mofeta Flor y a Faline, una cervatilla de la que se enamora y con la que al final de la película tiene dos crías. Poco hay que añadir sobre las coincidencias con *ERL*.

---

film"), como Education for Death (Geronimi, 1943), así como con otros personajes históricos contemporáneos, como Jomeini.

Más tarde, en el documental está la sorprendente interpretación de *Hamlet* como mezcla de tragedia y humor ("a tragedy that was hopeful", se dice). Simba tiene, como el Príncipe danés, su momento de culpabilidad, e incluso se alude al célebre monólogo de "To be or not to be" para referirse a las palabras de Simba antes de encontrarse con su padre entre las nubes:

> She (Nala)'s wrong. I can't go back. What would it prove, anyway? It won't change anything. You can't change the past. You said you'd always be there for me!... But you're not. And it's because of me. It's my fault... It's my... fault.

Desde el punto de vista de los objetivos ideológicos, la insistencia de los guionistas es muy significativa, por obsesivamente unánime: la película quiere transmitir a los niños la necesidad de *ser responsables* en el mundo actual.

4. Shakespiration/appropriation

En los términos de Sanders (2005: 26), todas las maniobras indicadas nos desplazan hacia el terreno de la apropiación:

> An adaptation signals a relationship with an informing sourcetext or original; a cinematic version of Shakespeare's *Hamlet*, for example, although clearly reinterpreted by the collaborative efforts of director, scriptwriter, actors, and the generic demands of the movement from stage drama to film, remains ostensibly *Hamlet*, a specific version, albeit achieved in alternative temporal and generic modes, of that seminal cultural text. On the other hand, appropriation frequently affects a more decisive journey away from the informing source into a wholly new cultural product and domain. This may or may not involve a generic shift, and it may still require the intellectual juxtaposition of (at least) one text against another that we have suggested is central to the reading and spectating experience of adaptations. But the appropriated text or texts are not always as clearly signaled or acknowledged as in the adaptive process.

Es exactamente este el caso de *ERL*, cuya intertextualidad permite establecer varios niveles de lectura. *Hamlet* no tiene por qué ocupar un lugar relevante en todos ellos, y es frecuente que mis propios alumnos se extrañen de la relación de los dos textos, que ha de ser explicada. Pero en la red de referencias culturales que constituye el punto de partida del filme, *Hamlet* funcionaría como parte de una enciclopedia que un espectador ideal habría de manejar, aunque sólo fuera para jugar al juego de las similitudes y las diferencias.

Como hemos visto, la "disneyficación" de Shakespeare existe y se aprovecha naturalmente del prestigio y autoridad del Bardo, pero lo hace de una manera que recuerda en parte los esquemas minimizados de la Reduced Shakespeare Company, aunque sin la clave paródico-humorística. Todo encaja en la modalidad de *transformación*, por la que se añaden nuevos materiales sin atender al espíritu del original, "with the ending scrapped" (Cohn, 1976: 4). Resulta, además, que *ERL*, aun reconociendo la deuda con *Hamlet*, se sitúa más bien en una red compleja de relaciones intertextuales que afectan a algunos personajes y nudos anecdóticos del argumento. Veamos alguno de los elementos de "shakes-piration" (Modenessi, 2005: 401–402) del filme:

- La conversación entre Simba y el fantasma de Mufasa dibujado en las nubes, que funciona como una especie de epifanía en el filme, pues ayuda, con la colaboración de Rafiki, a activar el desenlace en un importante giro argumental:

Mufasa: Simba...
Simba: Father?
Mufasa: Simba, you have forgotten me.
Simba: No. How could I?
Mufasa: You have forgotten who you are, and so have forgotten me. Look inside yourself, Simba. You are more than what you have become. You must take your place in the Circle of Life.
Simba: How can I go back? I'm not who I used to be.
Mufasa: Remember who you are. You are my son, and the one true king. Remember who you are.
Simba: No! Please! Don't leave me.
Mufasa: Remember...
Simba: Father!
Mufasa: Remember...
Simba: Don't leave me.
Mufasa: Remember...

El fantasma del Rey muerto se aparece para dar una lección de vida a su hijo, tal y como le había anunciado tras el episodio del cementerio de elefantes.

- La verbosidad de Zazu, el mayordomo del Rey, es muy similar a la de Polonio. Podría verse un guiño en la manipulación de una calavera por parte de Scar. Y Nala es una combinación de Ophelia, Katherina y Katherine.
- La caracterización de Pumbaa y Timon como una especie de Falstaffs para el Prince-Hal-en-la-jungla que resulta ser Simba. Léase la letra de la canción "Hakuna matata" como una exhortación a vivir despreocupadamente:

Hakuna Matata!
What a wonderful phrase
Hakuna Matata!
Ain't no passing craze
It means no worries
For the rest of your days.

"Hakuna Matata" cita además "What's in a name?", frase de la escena del balcón de *Romeo and Juliet* (II, i, 85).

• Las huellas abundantes de Ricardo III y Macbeth en el villano Scar. "Long live the king!", exclama Scar al mismo tiempo que deja caer a su hermano hacia la muerte. La exhortación de Scar, recuerda Coursen (2005: 88–89), se asemeja a una ceremonia nazi (véase su único solo "Be prepared", con el ejército de hienas aclamándolo como líder), y en el discurso de su coronación desarrolla una dialéctica del mal muy shakesperiana:

Mufasa's death was a terrible tragedy; but to lose Simba… who had barely begun to live… For me, it is a deep personal loss. And so it is with a heavy heart that I assume the throne. Yet, out of the ashes of this tragedy, we shall rise to greet the dawning of a new era… in which lion and hyena come together, in a great and glorious future.

Como Hitler, Scar alienta la perversión o la inversión de los valores establecidos (el león y la hiena como aliados), apela al nacimiento de una nueva era, como a su modo hacen Macbeth y Ricardo Gloucester, y el orden establecido desaparece por un instante, ocasionando el hambre y la destrucción. Al final, el orden queda restaurado tras una interrupción temporal. En un orden más anecdótico, el trío de hienas (Shenzi, Banzai y Ed) se parece en cierto modo a las tres brujas de Macbeth asomando entre sus pócimas (Croce, 2008: 235).

Podríamos añadir más, como el contexto general de un drama de venganza, pero no hay duda de que las diferencias son mucho más numerosas, como ha sabido ver Coursen (2005: 55–59). Finkelstein (1999) ha examinado las raíces shakesperianas de *The Little Mermaid* (Andersen, 1989), una relectura de Hans-Christian Andersen que visita *The Tempest* y *ERL*. Su lectura de este último filme, que apunta hacia una relación muy directa con "the Henriad"[8], coloca al personaje de Timón en una situación de dudosa dependencia con el

---

8   "When Young Simba runs from his past and denies his royal duties, he moves from Hamlet to Henry IV via Timon of Athens" (Finkelstein, 1999: 187).

Timon of Athens de Shakespeare por su misantropía, a la vez que insiste en su "signifying gayness" (Finkelstein, 1999: 188), acentuada quizás por la voz de un Nathan Lane salido de *The Birdcage* (Nichols, 1996).

En todo caso, como se ve, estamos ante un caso evidente de *contaminatio* por lo que tiene de juego con más de un único intertexto shakesperiano, aunque desde perspectivas absolutamente "disneyficadoras", que por supuesto desvirtúan el original: se regula el deseo y el placer en el inexcusable y disciplinado "ciclo de la vida", que remata en el matrimonio y en el nacimiento de un heredero. Los estereotipos sexuales, raciales y sociales se ajustan a los mismos modelos por ejemplo en el uso de las voces (Burt, 2002a). Whoopi Goldberg, la hiena Shezin, habla con un "ghetto-speak" muy marcado, sobre todo en contraste con la voz poco "racializada" de Mufasa (James Earl Jones). La otra hiena, Banzai, es humanizada por el chicano Richard Cheech Marin ("Qué pasa?", es una de sus frases favoritas), otra vez con una inflexión reconocidamente mexicana. Dundes y Dundes (2006) han relacionado el filme con la política anti-immigración del Estado de California, endurecida en los 90, lo que iluminaría aún más la caracterización de la tierra de sombras que habitan las hienas con el más allá de la frontera mexicana.

En todo momento, la heterosexualidad queda reafirmada. El acento británico de Scar (Jeremy Irons) evoca una cierta homosexualidad que en la cultura popular americana viene asociada con los villanos intelectuales[9]. En *ERL*, el poder proviene directamente del ejercicio de la fuerza masculina, quedando las mujeres relegadas a un papel subsidiario, como Saribi, presentada como amante esposa y madre desde la primera secuencia.

Según el libro de Benshoff y Griffin (2003: 18–19), el filme naturaliza la herencia de padre a hijo y el papel de las mujeres como mero objeto de interés amoroso, sacralizando la autoridad y primacía masculina desde el mismo título. Del mismo modo, la presencia de la cultura africana, minimizada en el filme, depende, por ejemplo en lo que se refiere a la música, de la labor de artistas blancos (de Elton John a Tim Rice). Son blancos también los actores que ponen la voz de Simba o su amada. Los personajes a quienes doblan actores negros, con la excepción del padre asesinado, responden a caracterizaciones estereotipadas: por añadir un ejemplo más, Rafiki (Robert Guillaume) es un líder espiritual que cae a veces en comportamientos alocados o erráticos.

---

9   Puede contrastarse ERL con The Lion King II: Simba's Pride (LaDuca y Rooney, 1998), cuyo argumento antirracista se acerca al de Romeo and Juliet. Jones pone de nuevo la voz a Mufasa, pero las hienas desaparecen.

El paisaje de Disney nos muestra una sociedad idealizada donde se ejerce un fuerte control sobre la imagen de la diversidad. Se acerca en este sentido a la cultura del narcisismo esbozada por Lasch (1999). El narcisista no se interesa por el pasado, fuente posible de dolor y tristeza, sino que crea un presente a su medida. El ser "disneyano" renace en cada momento como grandioso y vacío en su adoración de lo heroico, en su representación de la realidad como dependiente de la acción de un 'individuo supuestamente autónomo'. Añadiría Stuart Hall (1997) que el cometido de los *mass media* consiste en construir a partir de un fragmento individual la imagen de las vidas, significados, actividades y valores de la totalidad del mundo, proporcionar y construir selectivamente el conocimiento de la sociedad.

5. Shakespeare, un viajero muy animado, llega a Galicia

La naturaleza ideológica de los filmes de Disney acentúa su condición histórica si la comparamos con otras adaptaciones para niños. Taylor (1994: 180–191), Osborne (2003) y Holland (2007) han analizado las doce piezas de *Shakespeare: The Animated Tales* (HBO, 1992), enfocadas con diferentes técnicas de animación: *Hamlet*, dirigido por Natalia Orlova, se realiza como pintura en cristal, lo que permite una mezcla de lo estático y lo fluido muy cercano a las adaptaciones de Laurence Olivier (1948) y Grigori Kozintsev (1964) en la utilización del castillo como espacio laberíntico y del poder simbólico del mar[10]. Se utiliza un narrador en *over*, se opta por una estética casi en blanco y negro, los personajes desarrollan sus acciones en cuadros, que, como ha estudiado Grigori M. Colón (2008: 54–55), pudieran inspirarse en pinturas conocidas, y el conjunto, muy oscuro, mantiene con los cortes necesarios el texto original (filtrado por las *Shakespeare Stories* de Leon Garfield) en una adaptación de media hora concebida desde una perspectiva adulta, o para usos educativos, a pesar de la advertencia que acompaña la edición en DVD:

Using a medium that's universally understood and enjoyed, Shakespeare's valuable cultural heritage is introduced in an accessible, exciting form to enthrall, encourage and educate. Skillfully condensed to half an hour each, *The Animated Tales* are the ideal length for the targeted audience of 10–15 year old and will in addition have wide family appeal.

---

10   Existen asimismo adaptaciones al ámbito de los juegos de ordenadores (Hamlet: the Interactive Guide, Castle Rock Entertainment/EEME Interactive CD-ROM, 1997).

Como ha señalado Colón (2008: 40), los comentaristas son unánimes a la hora de considerar que el destinatario de la serie eran los estudiantes, especialmente británicos, acuciados por la necesidad de aprobar los exámenes de literatura inglesa.

En cuanto a accesibilidad, nada que ver con el subversivo *Hamlet* (*Do the Bard, Man*, una referencia a una célebre canción interpretada en la serie por el personaje de Bart, *Do the Bartman*) incluido como décimo cuarto episodio en la décimo tercera temporada de *The Simpsons*, *Tales from the Public Domain* (Groening, 2002). En él se cuentan tres historias adaptadas para niños que Homer lee en un libro, el único que ha sacado de la biblioteca: la *Odisea*, *Juana de Arco* y *Hamlet*. Bart es el Príncipe Hamlet, Homer se aparece como el fantasma de su padre, Moe es Claudio, Marge representa a su madre y Lisa a Ofelia. Lisa comprende la grandeza del texto de Shakespeare, pero Bart lo considera aburrido, aunque todos acaben muertos, y Homer afirma que esa es la pieza que fue adaptada en el filme *Ghostbusters* (Reitman, 1984), seguramente porque ambos tratan de fantasmas. Todos bailan el tema principal de la película al final del episodio.

Podría pensarse en el caso de las películas *anime* del japonés Hayao Miyazaki (*Nausicaä del Valle del Viento*, 1984; *Mi vecino Totoro*, 1988; *Porco Rosso*, 1992; *La Princesa Mononoke*, 1997; *El castillo ambulante*, 2004; *Ponyo en el acantilado*, 2008 y el filme *anime* más famoso *El viaje de Chihiro*, Oso de Oro en Berlín y Óscar al mejor filme de animación en 2001). Saludado por algunos, como Akira Kurosawa, como el más shakesperiano de los cineastas contemporáneos, su tema principal es también la celebración del amor, pero, si en los filmes de Disney la mujer ha de ser protegida por un varón, en el caso de Miyazaki, las mujeres (Ashitaka o Chihiro) se valen por sí mismas, sin la ayuda de hombres. Si Disney puede llegar a defender la violencia como medio o a despreocuparse del entorno, Miyazaki se muestra como un activista político a favor de los valores del pacifismo ecológico según la hipótesis de Gaia. El mundo es por tanto muy distinto según se mire con diferentes prismas.

Lo habitual, sin embargo, es que los temas y procedimientos de Disney traspasen las fronteras. Pongamos un ejemplo. *El sueño de una noche de San Juan* (2005) es una película de animación en 3D dirigida por Ángel de la Cruz y Manuel Gómez, con guión del propio De la Cruz y Beatriz Iso a partir de la comedia *A Midsummer Night's Dream*. Se trata de una coproducción hispano-lusa de Dygra Films (A Coruña) y Appia Films, vinculada también a Disney, pues la distribución correspondió a su filial internacional Buena Vista, que ya había realizado esa labor para *El bosque animado* (2003), el primer filme europeo de animación en 3D, producido con éxito por Dygra a partir de la novela de Wenceslao Fernández Flórez (1943)[11]. *El sueño* se presenta abiertamente como un filme basado en el original shakesperiano, aun cuando veremos que las similitudes concretas son escasas. En la pieza teatral se juega a los cambios de pareja, a la suplantación, a la confusión de identidades, al desenamoramiento, en un mundo que se vuelve por una noche caótico e inestable por el poder de la magia. La presencia de estos elementos en el filme de De la Cruz y Gómez es prácticamente nula, quizás de manera muy consciente, para no toparse con la oposición del mercado anglosajón, aunque sí se rastrean elementos comunes: nombres de personajes, aparición de duendes, utilización (en este caso anecdótica) de objetos mágicos (filtros)... Ni una sola palabra shakesperiana, por supuesto, ni tampoco la estructura laberíntica de la pieza original, que sí aparece en forma de libro en varias ocasiones (especialmente en la secuencia inicial en la biblioteca), al lado del otro motivo, el del pequeño escenario de títeres, símbolo de la infancia presente desde los créditos, que sirve a Elena, la protagonista, más tarde, para recuperar el poder de su imaginación. El modelo narrativo, *vogleriano*, es similar al empleado por Disney, añadiendo otras estructuras míticas bien conocidas, la de Jasón y el vellocino de oro. Están aquí presentes las fases del viaje del héroe, casi sin excepciones. El mundo ordinario se sitúa en el palacio en donde viven Elena y su padre Teseo, que vive dedicado a sus estrambóticos inventos (edificios absurdos) para desesperación de su hija. Elena recibe la llamada a la aventura, la necesidad de encontrar a Titania, en el momento en que ese mundo normal, en donde ya hay rastros de lo extraordinario (Perecho) sufre una transformación grave: su padre cae enfermo al no poder continuar con sus experimentos arquitectónicos. Primero Elena rechaza la llamada, por no creer en el mundo de las hadas, pero con la insistencia de Lisandro, que actúa como extraño mentor y como ayudante de la protagonista, comienza el viaje y cruza el primer umbral, donde se encuentra en seguida con la ayuda de Oberón. Desde el primer momento, Demetrio se muestra como oponente, y ese papel va revelándose en mayor

11 La película utiliza las voces de actores conocidos, como Gabino Diego, Carmen Machi, Isabel Ordaz o Emma Penella, y para el mercado anglosajón se utilizaron perfiles shakesperianos, como el del actor Brian Blessed, de la Royal Shakespeare Company, o más populares, como Rhys Ifans o Miranda Richardson. El sueño tuvo una recaudación aceptable (alrededor de 795.000 euros, más de 150.000 espectadores) que no cubrió los seis millones que tenía como presupuesto. Recibió el Premio Goya a la Mejor Película de Animación en el 2006 (Martínez Barnuevo, 2008: 131–135).

medida a medida que se acercan al mundo especial, sobre todo cuando se alía con las tres brujas y se transforma en una figura monstruosa de pesadilla caso a lo Tim Burton. Elena penetra finalmente en la Cueva interior, su incapacidad para creer en lo mágico, se enfrenta a ella y cambia su actitud dentro del laberinto de hielo, afianzando sus posibilidades heroicas por la intervención e insistencia de Oberón. Tras sufrir varias experiencias terribles, Elena consigue el objeto mágico de Titania. Y emprende el regreso, transformada y en posesión del Elixir o del Tesoro. La Resurrección en este caso es literal y afecta tanto a Teseo como a la propia Titania. El mundo ordinario recupera su equilibrio. He aquí el esqueleto del filme, que no está sujeto a demasiadas sorpresas. La idea central es que los adultos siempre han de mantener su parte de niños, en la que se esconde la fantasía y la bondad. La fórmula se completa con los consabidos guiños a la cultura popular del espectador. La banda sonora incluye un fado cantado por Anabela ("Fado de Titania"), un blues ("La hierba de enamorar") y sobre todo un magnífico rap protagonizado por Oberón ("Rap de Oberón"), que da rienda suelta a una gestualidad extraordinariamente fiel a los códigos del hip-hop, con fondo graffitero. Hay referencias intertextuales continuas: las artes marciales, los Rolling Stones (su canción "Satisfaction"), *Finding Nemo* (Stanton y Unkrich, 2003) o incluso *The Lion King* en la secuencia del intento de asesinato de Lisandro por parte de Demetrio, el extraterrestre de *ET* (Spielberg, 1982) "Mi casa…", el Gollum de *El Señor de los anillos* (Jackson, 2001) "Mi tesoro…", en palabras de Perecho, las tres brujas presentadas como una mezcla entre las de Macbeth y la versión grotesca de las detectives de la serie *Charlie's Angels* (1976–1981; adaptada a una versión fílmica en el 2000) y algún guiño de carácter local, como una gaita gallega que desafina, el conjuro de la queimada de las brujas o la autorreferencia a *El bosque animado*… Más importancia adquieren los referentes arquitectónicos o pictóricos: un Minotauro picassiano en el laberinto de hielo, la habitación de Teseo recuerda a Gaudí y los componentes del mundo de las hadas (las formas de las rocas y conchas, las espirales y algún que otro muñeco) evocan en cierto modo a Dalí, cuyo corto para Disney *Destino*, proyectado a mediados de los 40, fue recuperado en 2003, con dirección de Dominique Monfery.

Desde el punto de vista ideológico, la propuesta de Dygra no es en efecto tan agresiva como la de Disney. Elena se muestra independiente, pero finalmente sólo encuentra su lugar cediendo ante su papel de objeto de deseo amoroso. Por otra parte, de nuevo son los individuos aislados los que realizan las acciones como héroes invencibles, aunque esta vez más humanizados. El pueblo queda representado como una mera comparsa, como figurantes que lloran la muerte del amo o que lo aclaman cuando vuelve a la vida, sin cuestionarse si hay otras articulaciones posibles. El equilibrio se restaura sin que nada cambie desde el punto de vista de las relaciones sociales: el pueblo apoya a su despilfarrador soberano, aplaude sus locuras y vive feliz en esa realidad fuera de la realidad que constituye el mundo de la ficción animada.

Bibliografía

Althusser, Louis, *Escritos (1968–1970)*, Barcelona: Laia, 1974.

Balló, Jordi, y Xavier Pérez, *La semilla inmortal. Los argumentos universales en el cine*, Barcelona: Anagrama, 1997.

Bell Hooks, *Reel to Real: Race, Sex, and Class in the Movies*, New York: Routledge, 1996.

Bell, Elizabeth, Lynda Haas y Laura Sells (eds.), *From Mouse to Mermaid: the Politics of Film, Gender and Culture*, Bloomington: Indiana U.P., 1995.

Belsey, Catherine, "Shakespeare and Film: A Question of Perspective", en Shaughnessy, Robert (ed.), *Shakespeare on Film*, New York: St. Martin's Press, 61–70, 1998.

Benshoff, Harry M. y Sean Griffin, *America on Film: Representing Race, Class, Gender, and Sexuality at the Movies*, Londres: Blackwell, 2003.

Bloom, Harold, *Shakespeare: la invención de lo humano*, Barcelona: Anagrama, 2002.

Bristol, Michael, *Big-Time Shakespeare*, New York: Routledge, 1996.

Brode, Douglas, *Multiculturalism and the Mouse. Race and Sex in Disney Entertainment*, Austin: University of Texas Press, 2005.

Burt, Richard, "Slammin' Shakespeare in Acc(id)ents Yet Unknown: Liveness, Cinem(edi)a, and Racial Dis-Integration", *Shakespeare Quarterly*, 53, 2, 201–226, 2002a.

– (ed.), *Shakespeare after Mass Media*, New York: Palgrave, 295–329, 2002b.

Campbell, Joseph, *The Hero with a Thousand Faces*, Princeton: Princeton University Press, 1949.

Cohn, Ruby, *Modern Shakespeare Offshoots*, Princeton: Princeton U.P., 1976.

Colón, Grigori M., "Teens, Shakespeare, and the Dumbing Down Cliché: The Case of *The Animated Tales*", *Shakespeare Bulletin* 26, 2: 37–68, 2008.

Coursen, Herbert R., *Shakespeare Translated. Derivatives on Film and Television*, New York: Peter Lang, 2005.

Croce, Marcela, *El cine infantil de Hollywood. Una pedagogía fílmica del sistema político*, Málaga: Alfama, 2008.

Davies, Anthony y Stanley Wells (eds.), *Shakespeare and the Moving Image. The Plays on Film and Television*, Cambridge: Cambridge U.P., 1994.

Deleyto, Celestino, *Ángeles y demonios. Representación e ideología en el cine contemporáneo de Hollywood*, Barcelona: Paidós, 2003.

Desmet, Christy y Robert Sawyer (eds.), *Shakespeare and Appropriation*, Londres: Routledge, 1999.

Dorfman, Ariel, *Patos, elefantes y héroes: la infancia como subdesarrollo*, Madrid: Siglo XXI, 2001.

–, *The Empire's Old Clothes: What the Lone Ranger, Babar and Other Innocent Heroes do to Our Minds*. New York: Penguin, 1983.

– y Armand Mattelart, *Para leer al pato Donald. Comunicación de masas y colonialismo*, Buenos Aires: Siglo XXI, 2005, 1972.

Dundes, Lauren y Alan Dundes, "Young Hero Simba Defeats Old Villain Scar: Oedipus wrecks the Lyin' King", *The Social Science Journal*, 43: 3, 479–485, 2006.

Finkelstein, Richard, "Disney Cites Shakespeare: The Limits of Appropriation", en Desmet, Christy y Robert Sawyer (eds.), *Shakespeare and Appropriation*, Londres: Routledge, 179–196, 1999.

Fischlin, Daniel, y Mark Fortier (eds.), *Adaptations of Shakespeare: A Critical Anthology of Plays from the Seventeenth Century to the Present*, Londres: Routledge. 2000.

Garber, Marjorie, *Shakespeare's Ghost Writers*, Londres: Methuen, 1987.

Giroux, Henry A., *Cine y entretenimiento. Elementos para una crítica política del filme*, Barcelona: Paidós, 2003.

–, *El ratoncito feroz. Disney o el fin de la inocencia*, Madrid: Fundación Sánchez Ruipérez, 2001.

–, *La inocencia robada. Juventud, multinacionales y política cultural*, Madrid: Morata, 2000.

Gooding-Williams, Robert, "Disney in Africa and the Inner City: on Race and Space in *The Lion King*", *Social Identities*, 1: 373–379, 1995.

Hall, Stuart (ed.), *Representation. Cultural Representations and Signifying Practices*, Londres: Sage, 1997.

Holland, Peter, "Shakespeare Abbreviated", en Shaughnessy, Robert (ed.), *The Cambridge Companion to Shakespeare and Popular Culture*, New York: Cambridge U.P., 26–44, 2007.

Hourihan, Margery, *Deconstructing the Hero: Literary Theory and Children's Literature*, Londres: Routledge, 1997.

Howard, Tony, "Shakespeare's Cinematic Offshoots", en Jackson, Russell (ed.), *The Shakespeare Companion to Shakespeare on Film*, 295–313, 2000.

Hutcheon, Linda, *A Theory of Adaptation*, New York: Routledge, 2006.

Jess-Cooke, Carolyn, "Screening the McShakespeare in Post-Millennial Shakespeare Cinema", en Thornton Burnett, Mark y Ramona Wray (eds.), *Screening Shakespeare in the Twenty-First Century*, Edimburgo: Edinburgh U.P., 163–184, 2006.

Kidnie, Margaret Jane, *Shakespeare and the Problem of Adaptation*, Londres: Routledge, 2009.

Lanier, Douglas, *Shakespeare and Modern Popular Culture*, Oxford: Oxford U.P., 2002.

Lasch, Christopher, *La cultura del narcisismo*, Santiago de Chile: Andrés Bello, 1999.

Lehmann, Courtney, "Crouching Tiger, Hidden Agenda: How Shakespeare and the Renaissance Are Taking the Rage out of Feminism", *Shakespeare Quarterly*, 53: 2, 260–279, 2002.

Martínez Barnuevo, María Luisa, *El largometraje de animación español*, Madrid: Iberautor, 2008.

Miller, Naomi J., *Reimagining Shakespeare for Children and Young Adults*, Londres: Routledge, 2003.

Modenessi, Alfredo Michel, "Disney's 'War Efforts': *The Lion King* and *Education for Death*, or Shakespeare made easy for your apocalyptical convenience", [En línea: http://www.periodicos.ufsc.br/index.php/desterro/article/view/7316/6737], 2005. Recogido en Croteau, Melissa y Carolyn Jess-Cooke (eds.). *Apocalyptic Shakespeare: Essays on Visions of Chaos and Revelation in Recent Film Adaptations*, Jefferson: McFarland, 181–196, 2009.

Osborne, Laurie, "Mixing Media and Animating Shakespeare Tales", en Burt, Richard y Lynda E. Boose (eds.), *Shakespeare, the Movie, II. Popularizing the Plays on Film, TV, Video, and DVD*, Londres: Routledge, 140–153, 2003.

Ritzer, George, *La MacDonaldización de la sociedad*, Madrid: Editorial Popular, 2006.

Rothwell, Kenneth S., *A History of Shakespeare on Screen: a Century of Film and Television*, Londres: Cambridge U.P., 1999.

Sanders, Julie, *Adaptation and Appropriation*, New York: Routledge, 2005.

Shakespeare, William, *Hamlet*, Londres: Penguin Books, 2001.

Shelton, John, Lawrence y Robert Jewett, *The Myth of American Superhero*, Eermans: Michigan, 2002.

Taylor, Neil, "National and Racial Stereotypes in Shakespeare Films", en Jackson, Russell (ed.), *The Cambridge Companion to Shakespeare on Film*, Cambridge: Cambridge UP, 261–273, 2000.

–, "The Films of Hamlet", en Davies, Anthony y Stanley Wells (eds.), *Shakespeare and the Moving Image. The Plays on Film and Television*, Cambridge: Cambridge U.P., 180–195, 1994.

Vogler, Christopher, *The Writer's Journey. Mythic Structure for Writers*, New York: Michael Wieser, 1992.

Ward, Annalee R., *Mouse morality: the rhetoric of Disney animated film*, Austin: U. of Texas Press, 2002.

Wickstrom, Maurya, "Commodities, Mimesis, and *The Lion King*: Retail Theatre for the 1990s", *Theatre Journal*, 51, 3, 285–298, 1999.

Yasumoto, Seiko, "From whence does popular culture emanate and how is it remade? *Junguru taitei* or *Lion King*". [En línea: http://arts.monash.edu.au/mai/asaa/seikoyasumoto.pdf], 2008.

Estudio del doblaje al español peninsular
de *The Lion King* (1994)

Mercedes Ariza
Universidad de Urbino (Italia)
mercedes.ariza@uniurb.it

Luis Alberto Iglesias Gómez
Universidad de Salamanca (España)
LUIGIZ@terra.es

1. Introducción

El objetivo del presente trabajo es reflexionar acerca del doblaje al español peninsular de *The Lion King* (*El rey León*, Allers y Minkoff, 1994), una de las películas de animación tradicional de Walt Disney más exitosa de todos los tiempos.

Nuestro marco teórico de referencia es el modelo de análisis integrador para los textos audiovisuales propuesto por Chaume (2004), al que se suman otras aportaciones en torno al doblaje de dibujos animados en ámbito hispánico (Agost, 1999; Lorenzo y Pereira, 1999; 2001; Iglesias, 2009). En particular, realizaremos un recorrido por las normas operacionales esbozadas por Chaume (2004: 161–165), esto es, los factores lingüístico-contrastivos, comunicativos, pragmáticos y semióticos que influyen en el trasvase de los textos audiovisuales. Asimismo, analizaremos de qué manera se han tratado en la versión doblada las diferentes lenguas presentes en la versión original; todo ello sin descuidar el peculiar tipo de audiencia al que está dirigido este tipo de género dramático (Agost, 1999; Zabalbeascoa, 2000).

1.1 Los largometrajes de animación de los estudios Disney
antes y después de The Lion King

Para comprender el alcance de la película objeto de nuestro estudio y ubicarla mejor en la filmografía de Walt Disney Pictures, recordamos que *The Lion King* (*El rey León*, 1994) ha representado el 34º largometraje de la productora norteamericana y ha marcado el punto más alto de una nueva (pero breve) etapa de éxitos de taquilla que comenzó en 1989 con el estreno de *The Little Mermaid* (*La Sirenita*).

Las películas de dibujos animados de Disney vivieron su "edad de oro" artística más que económica (Iglesias, 2009), durante los años comprendidos entre el estreno de *Snow White and the Seven Dwarfs* (*Blanca Nieves y los siete enanos*, 1938) y de *Cinderella* (*La Cenicienta*, 1950). Por razones de muy diversa índole, sólo algunas de las películas que sucedieron a *Cinderella* llegaron a consagrarse como clásicos de la subsiguiente "edad de plata" (Ibíd.), marcada por éxitos como *The Jungle Book* (*El libro de la selva*, 1967), *Peter Pan* (1953) o *Lady and the Tramp* (*La dama y el vagabundo*, 1955). Otras películas de la misma época como *The Adventures of Alice in Wonderland* (*Alicia en el país de las maravillas*, 1951) o *Sleeping Beauty* (*La bella durmiente*, 1959) no lograron granjearse el favor del público, mientras que incluso otras como *The Sword in the Stone* (*Merlín el encantador*, 1963) o *Robin Hood* (1973), siguen siendo consideradas "obras menores" (Ibíd.). Por su parte, los aficionados especialistas de la historia del cine de animación en general y de las producciones Disney, en particular, coinciden en que con *The Rescuers* (*Los rescatadores*, 1977) se puso punto final a la mencionada "edad de plata"[1].

La célebre *The Little Mermaid* (*La Sirenita*, 1989), como hemos mencionado anteriormente, inaugura una breve etapa de éxitos que incluye títulos tan populares como *Beauty and the Beast* (*La bella y la bestia*, 1991) o *Aladdin* (1992) y que llega a su cumbre con *The Lion King* (1994). Esta última no sólo recibió dos premios Oscar, uno a la Mejor Banda Sonora (Hanz Zimmer) y otro a la Mejor Canción por *Can You Feel the Love Tonight*, interpretada por el británico Elton John, sino que también fue la película que recaudó más dinero entre los estrenos de 1994 en todo el mundo y la de mayor éxito de su género en la historia del cine hasta 2003, año en que *Finding Nemo* (*Buscando a Nemo*) le arrebató tal distinción[2]. Es más, tras una etapa de estrenos de

1   En los años ochenta, antes de que una pelirroja sirenita encandilase a públicos adultos e infantiles de todo el mundo, los estudios de Burbank habían encadenado una serie de fracasos comerciales con películas que hoy pocos recuerdan, entre ellas The Fox and the Hound (Tod y Toby, 1981), The Black Cauldron (Taron y el caldero mágico, 1985) u Oliver and Company (Oliver y su pandilla, 1988), que resultaron incapaces de captar el favor unánime del público (Iglesias, 2009).

2   Tras el rotundo éxito de 1994, por los cines volvieron a desfilar películas como Pocahontas (1995), The Hunchback of Notre Dame (El jorobado de Notre Dame, 1996), Hercules (Hércules, 1997), Mulan (1998) y Tarzan (Tarzán, 1999) que, a pesar de su atractivo y calidad indiscutibles, quedaron eclipsadas por el brillo de las sensacionales

modestos resultados como *The Emperor's New Groove* (*El emperador y sus locuras*, 2001), *Atlantis: The Lost Empire* (*Atlantis: El imperio perdido*, 2001) y *Brother Bear* (*Hermano oso*, 2003), Disney encadenó evidentes fracasos como *Treasure Planet* (*El planeta del tesoro*, 2002) y *Home on the Range* (*Zafarrancho en el rancho*, 2004), tras los cuales decidió subirse al tren mucho más rentable de la animación por ordenador adquiriendo a Pixar y propagando a los cuatro vientos que renunciaba *sine die* a la animación tradicional en favor de la digital (Ibíd.).

2. Descripción de *The Lion King* (El rey León, Allers y Minkoff, 1994)

2.1 Sinopsis de la película

The Lion King cuenta la historia de Simba, un cachorro de león que, acusado injustamente de haber matado a su padre, el rey león Mufasa, accede a exiliarse. Sin saberlo, su marcha despeja el camino hacia el trono a su acusador, su tío Scar, el verdadero asesino de su padre. Con el paso de las estaciones, Simba crece lejos de su manada y, acogido por el suricata Timón y el jabalí Pumbaa, logra convertirse en un apuesto león y decide regresar, destronar a su tío y reclamar el trono que sólo a él le corresponde en calidad de hijo del rey.

El argumento de la película y su desarrollo remiten de manera innegable a *Hamlet* de Shakespeare y poseen un más que evidente parecido con un clásico Disney anterior: *Bambi* (1942). Asimismo, tal y como se desprende de los materiales adicionales de la edición especial en DVD, los productores han reconocido haberse inspirado, entre otras, en las historias bíblicas de José y Moisés (cfr. Abuín González en este mismo volumen).

2.2 Un texto ambivalente

Según la norma (casi) imperante en las películas de dibujos animados, también *The Lion King* se caracteriza por el doble perfil de su destinatario. En otras palabras, no está dirigido exclusivamente a un público de niños y jóvenes, sino

---

Toy Story (1995), Toy Story 2 (1999) y The Incredibles (Los increíbles, 2004), generadas en los potentes ordenadores de dos pequeños pero innovadores estudios de animación: Pixar y Dreamworks.

más bien a un receptor adulto capaz de captar e interpretar las alusiones y juegos de palabras pensados exclusivamente para él. Nos encontramos, pues, ante
un "texto ambivalente" (Shavit, 1980) o bien ante una estrategia de "topos negros sobre fondo blanco", según la terminología de Zabalbeascoa (2000: 21)[3].

Como es fácil deducir, la existencia de una doble audiencia oculta se debe
a motivaciones de carácter ideológico y económico, ya que las casas cinematográficas se proponen llegar a todos los públicos y cautivar al mayor
número posible de espectadores. Esta misma situación suele plantearse también en el ámbito de la literatura infantil y juvenil que suele ser producida,
distribuida, seleccionada y comprada por adultos (Zabalbeascoa, 2000: 22),
puesto que en la mayoría de los casos el niño no compra por su cuenta los
libros que lee ni elige los títulos de las películas que irá a ver acompañado
por sus padres o tutores.

Por otra parte, *The Lion King* cumple también con el cometido de las grandes producciones de Disney, adaptando a su manera las historias que importa
de otros países o los relatos en que se inspira, edulcorando el argumento y
manipulando la crueldad de los personajes (cfr. Abuin González en este mismo
volumen).

2.3 Personajes y elenco de voces

Un repaso atento al elenco de actores de la versión original pone de manifiesto
un aspecto que suele plantear problemas para el trasvase del texto audiovisual,
a saber, la presencia de diferentes variantes y acentos del inglés.

Tradicionalmente, el inglés estadounidense estándar funciona como "variante no marcada" en los largometrajes de dibujos animados de Disney (Iglesias, 2009). Se trata pues de la variante que suelen hablar los protagonistas,
salvo aquellos casos en que la congruencia argumental determine lo contrario,
por ejemplo, en películas como *Peter Pan* (*Las aventuras de Peter Pan*, 1953)
o *One Hundred and One Dalmatians (101 Dálmatas*, 1961), cuyas tramas se
desarrollan total o parcialmente en Londres y están protagonizadas por personajes de origen británico. Sin embargo, por lo general, los acentos del inglés
se distribuyen de la siguiente manera (Ibíd.):

---

3   El doble receptor, ampliamente estudiado en la literatura infantil y juvenil (Ruzicka
    et al., 1995; Beckett, 1999; González Cascallana, 2002) se ha convertido en un objeto
    de estudio más reciente en los textos audiovisuales (Iglesias, 2009; González Vera,
    2010).

- Personajes protagonistas: inglés estadounidense estándar
- Personajes secundarios:
  – malos: inglés británico
  – otros: inglés estadounidense estándar
- Personajes de reparto: inglés estadounidense estándar o variantes regionales del inglés británico y del estadounidense, también acentos extranjeros.

Según parece, los motivos de este caprichoso reparto de acentos, plenamente vigente en el cine estadounidense, tanto de animación como de acción real, por el que se adjudica a los malos acento británico o extranjero y a los buenos acento estadounidense, son de índole sociocultural y origen oscuro.

La filmografía de los estudios Disney está cuajada de villanos que hablan inglés con acento inequívocamente británico o que se expresan en una especie de *anglicized US English* (o inglés estadounidense anglificado, sobre todo en los largometrajes de la primera época como *Snow White and the Seven Dwarfs, Pinocchio* y *Cinderella*). Entre los villanos más añejos, Captain Hook en *Peter Pan (Peter Pan*, 1953), Cruella DeVil en *One Hundred and One Dalmatian (101 dálmatas*, 1961), Maleficent en *Sleeping beauty (La bella durmiente*, 1959), Honest John en *Pinocho* (1940), Shere Kahn en *The Jungle Book (El libro de la selva*, 1967) o Madame Medusa en *The Rescuers (Los rescatadores*, 1977). Entre los más modernos, Jafar en *Aladdin* (Aladín, 1992), Scar en *The Lion King* (El rey león, 1994) y Frollo en *The Hunchback of Notre Dame (El jorobado de Notre Dame*, 1996).

En nuestro caso específico, el protagonista Simba, interpretado por Jonathan Taylor Thomas y Matthew Broderick, habla un inglés estadounidense inconfundible, tanto de joven como de adulto. En el doblaje le presta la voz el actor Marc Pociello que habla castellano desprovisto de marcas especiales.

El caso de Mufasa, rey desde el hocico a la cola, resulta interesante y algo especial. Aunque según la norma recurrente debiera hablar inglés estándar estadounidense, se le adjudicó un acento estadounidense ostensiblemente distinto del de Simba. Su habla más cuidada y aristocrática, de dicción más "anglificada" lo diferencia del resto de sus súbditos animales, en especial de su propio hijo y, al mismo tiempo, lo emparienta evidentemente con su hermano, el malvado Scar. Este último, tal y como se corresponde con las reglas del universo Disney, habla con un afilado acento británico, cortesía de Jeremy Irons. En el doblaje, la voz de Ricard Solans transmite magistralmente el carácter sagaz y refinado de este personaje empleando, una vez más, un castellano estándar desprovisto de marcas especiales.

El ámbito de los personajes de reparto destaca por su mayor variación lingüística. Además del inglés estadounidense de Nala (la amiga de Simba) y Sarabi (la madre de éste), o de los simpáticos Timón y Pumbaa, aparece de nuevo el inglés británico en el pico de Zazu, el mayordomo real, interpretado por Rowan Atkinson. Al respecto, merece la pena destacar que los rasgos británicos predominan en el habla de los personajes que están más estrechamente relacionados con la realeza: Zazu, Scar y Mufasa.

Asimismo, queda espacio para otras variantes socialmente marcadas del inglés, que están representadas en la película por el acento afroamericano de la hiena Shenzi (Whoopi Goldberg) y el acento chicano de su compañero Banzai (Cheech Marin). Una elección que entronca con las tendencias actuales en la distribución de los acentos que perfilábamos al comenzar nuestro análisis.

Como es de esperar, semejante repertorio de pronunciaciones y acentos obliga al traductor del guión y al director del doblaje a plantearse importantes cuestiones acerca de la manera de trasvasar este calidoscopio de voces y razas. De ahí que las decisiones que tomen nunca resultarán indiferentes. De entre todos los interrogantes posibles, podrían surgir los siguientes: ¿existe en español un par concreto de variantes de lengua relacionadas entre sí de modo equivalente a como parecen estarlo el inglés estadounidense y el británico en el universo cinematográfico anglosajón? y, por ende, ¿es posible y, sobre todo, es aceptable utilizar acentos regionales o extranjeros del español para *traducir* los acentos regionales o extranjeros del inglés que suelen caracterizar a los personajes de reparto?

En cuanto a la primera pregunta, las normas del doblaje en español zanjan la cuestión con una rotunda negativa, puesto que se recomienda huir, entre otras cosas, de los dialectalismos y anacronismos (Chaume, 2004).

En el *inconsciente colectivo* de los hablantes de español peninsular (y, sin ninguna duda, en el del mundo hispanohablante en general)[4] no existe una variante marcada aceptada comúnmente como "español de malos", por llamarla de algún modo. En consecuencia, los héroes y los villanos de los doblajes en lengua española hablan la misma variante del español: español

---

4   Jugando a imaginar, podría ocurrir que en Hispanoamérica a los villanos cinematográficos se los interpretase con alguno de los acentos que se oyen en España, especialmente el castellano o el andaluz, por ser los que históricamente colorearon la conquista del Nuevo Mundo, o el gallego, por ser el acento por excelencia de la emigración española hacia México y Sudamérica durante el siglo XX. No tenemos noticia de que esto haya pasado alguna vez de mera ocurrencia ingeniosa.

peninsular en los dirigidos en España y, por así decir, un "español neutro" en los comercializados en Hispanoamérica[5].

En cambio, a la segunda pregunta, es posible responder afirmativamente, puesto que, en más de una ocasión, películas originales en inglés se han vertido en español recurriendo a diferentes acentos, como en el doblaje de *Dumbo* (1964), donde es posible reconocer en la voz del cuervo Jim el inconfundible acento andaluz del gato Jinks, el mismo del buitre Despeinao del doblaje español de *El libro de la selva* (1967). Más recientemente, recuérdese el acento caribeño (¿cubano, quizás?) del cangrejo Sebastián de *La sirenita* (1989), o el acento andaluz del Gato con Botas de *Shrek 2* (2004).

Sin embargo, en el caso que nos ocupa, a pesar de los precedentes señalados en los doblajes más antiguos, los acentos extranjeros y regionales de los personajes de reparto en *The Lion King* se trasladaron en el doblaje para España a la variante no marcada, o sea, al español peninsular.

Esto da pie a nuevos interrogantes. Si los guionistas de la versión inglesa creyeron oportuno caracterizar a personajes bajunos como las hienas Shenzi y Banzai adjudicándoles los acentos de las dos minorías étnicas más importantes de Estados Unidos – la afroamericana y la hispana, respectivamente, ambas marcadas por la lacra de la delincuencia y la marginalidad –, ¿acaso no debiera el doblaje respetar dicha caracterización imitándola en la medida de lo posible? En caso de una respuesta afirmativa, ¿qué acentos del español podrían escogerse para trasvasar las inflexiones y peculiaridades del inglés hablado por estos sectores de la población?

La asignación de acentos tan socialmente marcados en *The Lion King* suscitó duras críticas por racismo en Estados Unidos y es posible que en España hubiese ocurrido lo mismo. De aquí que las hienas Shenzi y Banzai terminaran hablando un español estándar en el doblaje. Pero, ¿se compensó de algún modo esa pérdida de caracterización? Por supuesto. ¿Y de qué manera? Tal y como se suele intervenir siempre en estos casos, es decir, caricaturizando en mayor o menor medida la voz del personaje en cuestión. El director de doblaje, consciente de que la personalidad de un personaje se plasma especialmente en los rasgos lingüísticos que caracterizan su habla en la versión original y que estos suelen perderse en la traducción del guión, puede pedir al actor que lo dobla que

---

5   Salvo, claro está, en aquellas producciones en que Disney decide comercializar en Hispanoamérica con un doblaje localista con el único fin de hacerlas más atractivas para el público del país en cuestión. Ésta es una práctica reciente de la que hasta el momento sólo se han beneficiado México y Argentina.

interprete con su voz las cualidades idiosincrásicas que el idiolecto original del personaje transmite. Posiblemente sea esta la forma más habitual de compensar las pérdidas de caracterización vinculadas a aspectos meramente lingüísticos del guión original, que son imposibles de reproducir o imitar en la versión traducida, o de responder a las convenciones que rigen la práctica del doblaje en un momento dado. Todo puede ajustarse en el canal acústico y, de manera especial, en el código lingüístico, el único susceptible de ser modificado.

Antes de finalizar este repaso de las voces de los personajes de la película original, recordamos que en la tabla que presentamos a continuación no figuran los nombres de los cantantes que suplen a los actores principales cuando estos no cantan los números musicales protagonizados por sus personajes. Es interesante señalar que, mientras ninguno de los dos actores que ponen voz a Simba en la versión original (Jonathan Taylor Thomas y Matthew Broderick) cantaron los temas musicales de su personaje, quienes lo doblaron en la versión española (Marc Pociello y Sergio Zamora) sí lo hicieron, y magníficamente, pues ambos han estudiado canto. En cambio, en las escenas de la versión original donde el propio Jeremy Irons interpreta el número musical de su personaje (el malvado Scar), en el doblaje Ricard Solans es reemplazado por Jordi Doncos, director musical de la versión en español peninsular. Estas sustituciones se revelan una práctica habitual en películas de esta tipología, aderezadas con números musicales, según un estilo que la productora Disney cultivó desde sus inicios, incluso antes de su primer largometraje *Snow White and the Seven Dwarfs* (*Blanca Nieves y los siete enanos*, 1938).

Tabla 1: Ficha del reparto de voces de la película original y de su doblaje al español peninsular

Personaje	Versión original (EE.UU.)	Versión española (peninsular)
Mufasa	James Earl Jones	Constantino Romero
Scar	Jeremy Irons	Ricard Solans
Joven Simba	Jonathan Taylor Thomas	Marc Pociello
Simba adulto	Matthew Broderick	Sergio Zamora
Joven Nala	Niketa Calame	Graciela Molina
Nala adulta	Moira Kelly	Marta Barbara
Banzai	Cheech Marin	Antonio García Moral
Shenzi	Whoopi Goldberg	María Dolores Gispert
Ed	Jim Cummings	(Por ser mudo, el personaje no se dobló)
Pumba	Ernie Sabella	Miguel Ángel Jenner

Rafiki	Robert Guillaume	Juan Fernández
Sarabi	Madge Sinclair	Mercedes Montalá
Timon	Nathan Lane	Alberto Mieza
Topo	Jim Cummings	Javier Pontón
Zazu	Rowan Atkinson	Eduard Doncos

2.4 Idiomas presentes en el original

En *The Lion King* los personajes de la historia hablan dos lenguas diferentes: inglés y suajili. De esta última, perteneciente al grupo de las lenguas bantúes y hablada sobre todo en Tanzania y Kenia, procede, por ejemplo, la expresión *hakuna matata*, cuyo significado literal en español sería "aquí no hay problemas" y que se convierte en una filosofía de vida para el suricata Timon y el jabalí Pumbaa.

Siempre en suajili, Rafiki, el sabio mandril hechicero y consejero del rey, canturrea en la parte final de la película los siguientes versos, de los que proponemos una traducción en español:

Original suajili	**Traducción en español**
Asante sana!	¡Muchas gracias!
Squash banana!	¡Plátano aplastado!
We we nugu	Eres un babuino.
Mi mi apana!	¡Y yo no lo soy!

Asimismo, al comienzo de la película y a lo largo de esta, un coro africano canta también en suajili algunos fragmentos del tema principal, *The Circle of Life* (traducido para el doblaje en español como *El ciclo sin fin*), de los que proponemos una traducción en español:

Original suajili	**Traducción en español**
Nants ingonyama bagithi Baba	Aquí viene un león, padre.
Sithi uhm ingonyama	Ah sí, es un león.
Nants ingonyama bagithi Baba	Aquí viene un león, padre.
Sithi uhhmm ingonyama	Ah sí, es un león.
Ingonyama	Un león.
Siyo Nqoba	Venceremos.
Ingonyama	Un león y un leopardo vienen a este
Ingonyama nengw' enamabala	lugar abierto.

El uso del suajili cobra especial importancia desde el punto de vista onomástico, puesto que los nombres propios de los personajes principales proceden de este idioma. Sin embargo, el significado de dichos antropónimos resulta opaco para los espectadores tanto en la versión original como en el doblaje al español (cfr. Rodríguez Rodríguez en este mismo volumen).

Original suajili	Traducción en español
Simba	León
Nala	Regalo
Sarabi	Espejismo
Rafiki	Amigo
Pumbaa	Tonto
Shenzi	Grosero, ordinario
Banzai	Merodear, acechar
Sarafina	Estrella brillante

Por otra parte, los antropónimos que no proceden del suajili sí se adaptaron para el doblaje en español; por ejemplo *Zazú* (del original en inglés Zazu) y *Timón* (del original en inglés Timon), según las pautas de adaptación morfofónica de los nombres de los personajes del original (Pereira y Lorenzo, 2000: 125; Pereira y Lorenzo, 2005: 246).

3. El doblaje peninsular de *The Lion King*

Según la estrategia de doblaje emprendida por Walt Disney Pictures a partir de 1992 con Beauty and the Beast (La bella y la bestia)[6], también The Lion King cuenta con dos doblajes en lengua española producidos por Disney Character

---

6   Actualmente, se siguen realizando dos versiones de doblaje: una para España hecha allí y otra para Hispanoamérica hecha en México. Por otra parte, para The Incredibles (Los increíbles, 2004), se llevaron a cabo hasta tres doblajes hispanoamericanos diferentes: uno en español neutro hecho en México; otro hecho en México con localismos y otro hecho en Argentina. Lo mismo se hizo con Chicken Little (2005), Cars (2006) y Ratatouille (2007). Recuérdese que 101 Dalmatians (101 Dálmatas) se convierte en 1996 en la primera película de Disney doblada al catalán. Sin embargo, la productora norteamericana no suele doblar sus películas a otras lenguas minoritarias de España, como el gallego (Ariza y Lorenzo, 2010).

Voices International: uno para Hispanoamérica, dirigido por Francisco Col-
menero en los estudios Grabaciones y Doblajes S.A. (México D.F.) sobre
un guión y un repertorio de canciones traducidos por Omar Canal, Walterio
Pesqueira, Elena Oria y Renato López, y otro en español peninsular para su
distribución exclusiva en España, dirigido por Antonio Lara (AL, de ahora en
adelante en este artículo) en los estudios Sonoblok S.A. (Barcelona) a partir de
un guión traducido por Sally Templer, con Albert Mas-Griera como letrista de
las canciones y Jordi Doncos como director musical.

Tabla 2: Ficha de doblaje de la película (http://www.doblajedisney.com)

Versión	México 1994	España 1994
Director	Francisco Colmenero	Antonio Lara
Estudio	Grabaciones y Doblajes Internacionales S.A. (México D.F.)	Sonoblok S.A. (Barcelona)
Otros datos	Adaptación: Omar Canal, Walterio Pesqueira, Elena Oria y Javier Pontón **Dirección musical:** Walterio Pesqueira "El ciclo de la vida", interpretada por Tata Vega	Traducción: Sally Templer **Dirección musical:** Jordi Doncos "El ciclo de la vida", interpretada por Tata Vega

El rey León se estrenó en los cines españoles el 18 de noviembre de 1994.
En el doblaje peninsular, objeto de estudio del presente artículo, es evidente la
intención de asignar a cada personaje una voz fácilmente reconocible por los
espectadores por estar asociada con personajes de naturaleza similar pertene-
cientes a otras películas. Así, para doblar a James Earl Jones en el personaje
del noble y justo Mufasa se eligió a Constantino Romero, voz habitual de
"buenos" tan famosos como Clint Eastwood o Roger Moore; para doblar al
malvado Scar, interpretado por Jeremy Irons, se convocó a Ricard Solans, voz
habitual de Robert De Niro, Al Pacino y Dustin Hoffman al que dobló como
capitán Garfio en *Hook* (*Hook: el capitán Garfio*, Spielberg, 1991). De doblar al hechicero Rafiki, interpretado en la versión original por el actor negro
Robert Guillaume, se ocupó Juan Fernández, voz habitual del cómico Eddie
Murphy. Finalmente, para interpretar a Whoopi Golberg en el papel de la hiena
Shenzi se contó con su voz habitual en España, María Dolores Gispert.

3.1 Análisis de los factores lingüístico-contrastivos

En el marco de la propuesta de análisis integrador para los textos audiovisuales esbozada por Chaume (2004: 165), focalizamos nuestra atención en los factores lingüístico-contrastivos y, en particular, en los problemas de naturaleza léxico-semántica. Desde este enfoque los juegos de palabras suelen plantear numerosos problemas a los traductores, cuyo ingenio aguzado por la necesidad conduce a menudo a soluciones tan imaginativas como eficaces.

En el ejemplo (a) nos encontramos ante dos diferentes juegos de palabras; el primero está basado en la similitud fonética del sustantivo *lion* ['laiən] con la forma de gerundio *lying* ['laiiŋ] del verbo inglés *to lie*, mientras que el segundo se origina a partir de los parónimos *cub* (cachorro) y *club* (de *club sandwich*, un tipo de bocadillo de varios pisos). El primer retruécano resulta difícilmente traducible (intraducible, quizás) si el traductor se propusiese incluir en la traducción las palabras "león" y "yacer" (significados de *lion* y *lying* en español). Lo mismo podríamos decir del segundo juego de palabras, imposible de retener en español manteniendo los mismos guiños y fines humorísticos del original.

Sin embargo, el trasvase en español se revela interesante y creativo, puesto que el hecho de renunciar, por razones obvias, a la traducción literal de los juegos de palabras abre paso a una solución sumamente eficaz y divertida. De hecho, el traductor considera *irrenunciable* mantener el sentido de la intervención, a saber, que las hienas amenazan con comerse a los leones, en bocadillo o a palo seco.

(a) 00.20.00 [contexto: Las hienas Shenzi y Banzai acorralan a Nala y Simba e intentan amedrentarlos]

> V.O.
> Shenzi: What's the hurry? We'd looove you to stick around for dinner.
> Banzai: Yeaaaah! We could have whatever's *lion* around! Get it? *Lion* around!
> Shenzi: Oh wait, wait, wait. I got one, I got one. Make mine a *cub* sandwich. Whatcha think?
>
> V.D.
> Shenzi: ¿A qué tanta prisa? Nos gustaría que os quedarais a cenar.
> Banzai: ¡Sí! Podríamos comer ¡leoncito en escabeche!
> Shenzi: Eera, tengo algo mejor. Yo quiero cachorrillo a la brasa. ¡Qué tal! Ja ja ja ja.

En el ejemplo (b) notamos una vez más el ingenio del traductor a la hora de trasvasar otra alusión de tipo alimentario:

(b) 00.48.18 [contexto: las hienas están hambrientas porque no tienen nada para comer, Scar le sugiere que se coman a Zazú]

V.O.
Scar: Oh, eat Zazu!
Zazu: Oh, you wouldn't want me. I'd be so tough and gamy and...
Scar: Oh, Zazu, don't be ridiculous. All you need is a little garlic.

V.D.
Scar: Comeros a Zazú.
Zazú: No os gustaría. Mi carne es dura y sin sabor.
Scar: No seas ridículo. Sólo necesitas un poco de ajo.

Volviendo a las dificultades que supone trasvasar juegos de palabras basados en la combinación de homófonos, en el ejemplo (c) se remite a las posibles pronunciaciones de las palabras *lion* ['laiən] y *line* ['lain]. En este caso específico, el traductor no se topa con un mero juego de palabras, sino más bien con el fruto de un proceso de "desautomatización" (Mena Martínez, 2003) o "manipulación creativa" (Corpas Pastor, 2003) a partir de la expresión originaria *to have the lines crossed* (literalmente, "cruzársele los cables a uno"). La versión para el doblaje, que optó por respetar la semántica del juego de palabras original, presenta una solución extraña, comprensible sí pero, a nuestro entender, poco afortunada.

(c) 00.54.52 [contexto: Simba encuentra a su vieja amiga Nala que le recuerda su responsabilidad como heredero del rey. El simpático Timón no comprende las palabras de Nala y comenta:]

V.O.
Nala: What else matters? You are alive. And that means ... you are the king.
Timon: King? Pfff! Lady, have you got your *lions* crossed?

V.D.
Nala: Y eso qué importa, estás vivo y eso significa que eres el rey.
Timón: ¿Rey? Pfff. Chica, creo que se te cruzaron los leones.

3.2 Análisis de los factores comunicativos

En cuanto a los problemas derivados de la elección de un estándar lingüístico determinado (Chaume, 2004: 162), analizamos a continuación de qué manera se optó por traducir el habla caracterizadora de ciertos personajes (véase apartado 2.3).

El inglés afroamericano de la hiena Shenzi y el chicano de Banzai suponen un problema para el doblaje, principalmente porque en el ámbito de la traducción audiovisual no suelen traducirse esta clase de hablas marcadas por otras "equivalentes" en la lengua/cultura meta. En particular, en el ejemplo (d), además de los rasgos fonético-prosódicos imposibles de recoger en una transcripción como ésta, otros elementos indican al traductor que se enfrenta a una variante de habla marcada:

- La pronunciación relajada de *him* como *'im*, de *you* como *ya* y de *got to* como *gotta*;
- la presencia de la forma *ain't*, en este caso acompañada de una doble negación: *"There ain't no way I'm going in there"*;
- el uso de la entonación ascendente en oraciones afirmativas para transformarlas en interrogativas, prescindiendo del uso normativo del verbo auxiliar y de la inversión: *"You want me to come out there looking like you?"*.

La presencia de este tipo de rasgos caracteriza y distingue el idiolecto de las hienas en neto contraste con el habla de otros personajes como Mufasa, Simba o Nala. El doblaje ofrece una traducción mucho más neutral que no imita los rasgos originales de habla. Sin embargo, su pérdida es contrarrestada con una interpretación caricaturizada de las voces de las hienas, dotadas de un histrionismo del que carecen las de los leones, por ejemplo.

(d) 00.38.40 [contexto: Las hienas ven alejarse a Simba y se plantean darle caza para matarlo)

V.O.
Shenzi: Hey! There he goes! There he goes!
Banzai: So go get 'im!
Shenzi: There ain't no way I'm going in there. What, you want me to come out there looking like you, Cactus Butt?
Banzai: We gotta finish the job.
Shenzi: Well, he's as good as dead out there anyway. And *if* he comes back, <u>we'll kill 'im</u>.
Banzai: Yeah! You hear that? If you ever come back, we'll kill ya!

V.D.
Shenzi: ¡Ey! ¡Por allí va! ¡Por allí!
Banzai: Pues ve por él.
Shenzi: ¡No me meto ahí por nada del mundo! ¿Quieres que salga con tu aspecto, culo de cactus?

Banzai: Pero hay que acabar el trabajo.
Shenzi: Bueno, de todos modos al lugar que va es como si estuviera muerto. Y si regresa, le mataremos.
Banzai: ¡Sí! ¿Lo has oído? ¡Si vuelves aquí, te mataremos!

Sin embargo, en español sería posible reproducir el habla de las hienas de diferentes maneras; júzguese, a modo de entretenimiento lingüístico, la siguiente traducción alternativa:

Shenzi: ¡Eh! *¡Por ahí va!* ¡Mira!
Banzai: *Poh ve por él.*
Shenzi: ¡Ni loca me meto yo *ahí! ¿Pa'* salir luego como tú, culopincho? ¡Anda ya!
Banzai: Pero no *hemo acabao er trabaho.*
Shenzi: Bah, de *toh* modos *ej* como *si ehtuviera* muerto. Y si vuelve, *nohlo cargamoh.*
Banzai: ¡Eso! *¿Haj oído?* ¡Como *vuervah por aquí, te matamo!*

En otras ocasiones, la traducción para el doblaje sí logró caracterizar de manera fiel al personaje del original como en la intervención de la hiena Shenzi (e). En este caso específico, tan sólo el empleo de la palabra "cotarro", de uso más bien informal en español, logra reproducir un efecto similar al significado de la palabra *joint* y a la relajación consonántica de la forma verbal *running* (*runnin'*).

(e) 00.25.36 [contexto: las hienas hablan de los leones, sus acérrimos enemigos]

V.O.
Shenzi: Yeah? You know, if it weren't for those lions, we'd be runnin' the joint.

V.D.
Shenzi: ¿Sí? Si no fuera por esos leones, seríamos los jefes del <u>cotarro</u>.

Si el habla de las hienas está ostensiblemente marcada al suponer una desviación respecto a la norma por sus incorrecciones o imperfecciones, el habla culta del mayordomo Zazu está marcada *por exceso*. Su lenguaje es tan afectado que puede provocar problemas de comprensión en los pequeños, tal y como le sucede al cachorro Simba, que no logra descifrar las palabras incomprensibles que utiliza el ave.

En el ejemplo (f) Zazu emplea la forma verbal *betrothed* a partir del infinito *to betroth*, de uso formal, cuyo significado es prometer en matrimonio. Simba, que no comprende la expresión, requiere una explicación. Sin embargo, ninguno de los dos sinónimos que ofrece Zazu resuelve el escollo comunicativo; la forma verbal *intended* es anticuada y está en desuso mientras *affianced* posee una raíz francesa (recuérdese el término inglés *fiancé*, por ejemplo). Los dos sinónimos pertenecen a un nivel de léxico que ni Simba ni Nala logran comprender aún y, por ello, Zazu termina por explicarlo de la manera más simple posible recurriendo a una paráfrasis con la forma *to be married*.

En la versión doblada el mayordomo real resuelve la cuestión antes que en el original, puesto que facilita como sinónimo para "comprometidos" la palabra "novios", que en español cualquier niño entendería. Para traducir los términos ingleses *affianced* e *intended* (y mantener el clímax del original) podría haberse recurrido a verbos de uso poco frecuente en español como "matrimoniar" y "maridar", seguramente incomprensibles para cualquier pequeño.

(f) 00.14.33 [contexto: Simba y su amiga Nala están caminando juntos hacia el manatial bajo la mirada atenta del cuervo Zazu que exclama:]

V.O.
Zazu: Oh, just look at you two. Little seeds of romance blossoming in the savannah. Your parents will be *thrilled*, what with your being betrothed and all.
Simba: Be-what?
Zazu: Betrothed. Intended. Affianced.
Nala: Meaning…?
Zazu: One day, you two are going to be married!

V.D.
Zazú: ¡Oh, qué pareja más tierna! ¡Pequeñas semillas de romance floreciendo en la sabana! Vuestros padres serán muy felices el día que los dos os comprometáis.
Simba: Comp… ¿qué?
Zazú: Comprometidos, apalabrados, ¡novios!
Nala: ¿O sea…?
Zazú: Que algún día vosotros dos os casaréis.

3.3 Análisis de los factores semióticos

Una de las mayores dificultades con que tropiezan los traductores de dibujos animados y de textos audiovisuales en general es la aparición de citas, fragmentos o guiños a otros textos. La noción de intertextualidad acuñada por Kristeva (1980) exige un papel activo del espectador, puesto que si este no es capaz de descifrar las alusiones encubiertas en el texto no disfrutará en la medida que tenía pensado el autor en su principio (Zabalbeascoa, 2000: 19).

Ahora bien, para trasvasar una referencia intertextual en otra lengua/cultura el traductor deberá reconocer, antes que nada, dicha referencia, siendo él mismo un lector más del texto original (Fischer, 2000: 45). Una vez identificada la cita o referencia original, el traductor deberá comprobar la posibilidad de trasladarla en la versión para el doblaje o subtitulación. Al respecto, según recuerda Lorenzo (2005: 144), mantener la misma referencia intertextual depende en gran medida del patrimonio grecolatino que comparten las culturas románicas y europeas, tal y como ha sucedido para la versión doblada en español de una escena de la película *Monsters Inc.* (2001) donde aparece una alusión velada al caballo de Troya[7].

En otros casos, el traductor se verá obligado a renunciar a la mención de un texto, si este no es compartido por la lengua/cultura meta. Es, precisamente, lo que ha sucedido en el ejemplo (g) donde no ha sido posible mantener las alusiones a dos canciones muy conocidas de la cultura popular estadounidense. En esta escena de la película, el cuervo Zazu, que ha sido enjaulado por Scar, está cantando para combatir el tedio. Las referencias intertextuales se encuentran en las dos intervenciones de Zazu, que interpreta la letra de dos famosas melodías. La primera es *Nobody Knows the Trouble I've Seen*, un canto espiritual americano del género *gospel* popularizado por Louis Armstrong y Sam Cooke, entre otros. Por su asunto triste, no es de extrañar que Scar pida a Zazu algo más alegre. La segunda, *It's a Small World (After All)*, es una de las canciones más famosas producidas por la compañía Disney en toda su historia. Robert y Richard Sherman la compusieron por encargo del propio Walt Disney para acompañar una atracción del parque Disneyland llamada *Children of the World*. El verso que canta Zazu es el primero de su estribillo y podría traducirse al español con la expresión 'el mundo es un pañuelo', lo que recuerda a Scar que llegará el día en que se cruce con quien le dispute legítimamente el trono que ha usurpado; de ahí las protestas de este. En la versión doblada, se han perdido los guiños intertextuales originales y su efecto de reconocimiento, debido a la escasa notoriedad de estas canciones en España:

(g) 00.46.58 [contexto: Scar mantiene enjaulado a Zazu, que canta para combatir el tedio]

---

7 Sin embargo, en otras ocasiones el traductor puede introducir de manera libre y creativa una alusión o guiño intertextual con el objetivo de crear una vía de complicidad con el espectador. Es lo que ha ocurrido, por ejemplo, en el doblaje español de Pinocho (1939) donde se introduce una alusión directa a una famosa obra de Calderón de la Barca (Lorenzo y Pereira, 2001: 202).

V.O.
Zazu: *Nobody knows*
The trouble I've seen
Nobody knows
My sorrow…
Scar: Oh Zazu, *do* lighten up. Sing something with a little… bounce in it.
Zazu: *It's a small world after all…*
Scar: No! No. Anything but that!

V.D.
Zazu: Nadie sabrá
lo mucho que amé.
Nadie verá
mi llanto…
Scar: Oh Zazú, ten más alegría. Canta algo que sea más rítmico.
Zazu: Un mundo pequeño es…
Scar: ¡No, no! ¡Cualquier cosa menos esa!

Algo distinto ocurre en una escena posterior con la canción *The Lion Sleeps Tonight* (1939)[8], que Timón y Pumba entonan brevemente. Por tratarse de una canción popular interpretada por *The Tokens* en 1961 y que ha merecido numerosas versiones, es de esperar que sea reconocida fácilmente por el público adulto. Esto es lo que cantan Timón y Pumba en la versión original y en el doblaje, respectivamente:

(h) 00.51.43 [contexto: Pumba y Timón pasean por debajo de la jungla y canturrean esta canción:]

V.O.
Pumbaa: Ohi'mbube
   Ohi'mbube…
Timon: In the jungle
The mighty jungle
The lion sleeps tonight.
In the jungle
The mighty jungle,
The lion sleeps…
A-weeee-ee-ee-ee ba-pum-ba-bum-ba-way!

---

8   Es interesante señalar que la familia de Solomon Linda, quien compuso esta canción en 1939, demandó a los estudios Disney por usarla en esta película a pesar de que Disney había obtenido licencia para ello de Abilene Music, la propietaria de los derechos para todo el mundo.

V.D.E.
Pumba: Awimbaué,
awimbaué...
Timón: En la jungla,
la negra jungla,
dormido está el león.
En la jungla,
la negra jungla,
dormido está el león.
¡A-wiiiiiii-ii-ii-ii-a-pum-ba-bam-ba-weee!

Más adelante, en el tramo final de la película encontramos otro caso interesante de intertextualidad (i). En esta escena mientras Simba y sus amigos se enfrentan a Scar y a su ejército de hienas, el simpático jabalí Pumba se encara con Banzai, que lo llama puerco. La frase *"Are you talking to me?"*, que Pumba pronuncia tres veces, constituye una mención directa para el público adulto estadounidense, que reconocerá las palabras repetidas por un joven Robert De Niro en una famosa escena de *Taxi Driver* (Scorsese, 1976). En el doblaje español de *The Lion King* se pierden las alusiones intertextuales del original, puesto que el actor Ricardo Solans, que prestó la voz a Robert de Niro en la película de Scorsese, exclama: "¿Hablas conmigo? ¿Me lo dices a mí?" Para comprender la decisión tomada por el traductor habría que comprobar si las palabras pronunciadas por el célebre actor estadounidense ocupan el mismo lugar destacado en la memoria cinematográfica colectiva del público español. Con mucha probabilidad, no. Por otra parte, aunque se tratara de una respuesta afirmativa, el guiño intertextual estaría dirigido a un público adulto y selecto, puesto que la película de Scorsese no parece haber sido fecunda como generadora de intertextualidad para una audiencia común.

(i) 01.15.00 [contexto: el simpático jabalí Pumbaa se encara con la hiena Banzai, que lo llama puerco...]

V.O.
Pumbaa: Problem?
Banzai: Hey, who's the pig?
Pumbaa: *Are you talking to me?*
Timon: Uh oh. They called him a pig.
Pumbaa: *Are you talking to me?!*
Timon: Shouldn't 'a done that.
Pumbaa: *ARE YOU TALKING TO ME?!?*
Timon: Now they're in for it.
Pumbaa: They CALL me... MIIISTER PIG! AAAAAHHH...!

V.D.
Pumbaa: ¡Soltadles!
Banzai: ¿Quién es ese puerco?
Pumbaa: ¿Os dirigís a mí?
Timón: Le llamaron puerco.
Pumbaa: ¿Os dirigís a mí?
Timón: No sé nada…
Pumbaa: ¿Os dirigís a mí?
Timón: ¡Se armará la gorda!
Pumbaa: Soy un cerdo decente, NO UN PUERCO.

4. Análisis del código musical: las canciones de la versión original y doblada

Conscientes de la necesidad de ahondar en el funcionamiento de los diferentes códigos de significación que interactúan en un texto audiovisual (Chaume, 2004: 26), analizamos a continuación algunas peculiaridades del código musical y de efectos especiales, que genera problemas específicos de traducción, no compartidos con otros tipos de texto.

The Lion King incluye números musicales instrumentales y cantados. El contenido de las letras de estos últimos fue traducido y adaptado para ser cantado en español, con las licencias y libertades que el proceso suele exigir. De ello, como es habitual, no se encargó la traductora de los diálogos del guión de la película, Sally Templer, sino Albert Mas-Griera, que firmó como letrista los siguientes temas, cuyo director musical fue Jordi Doncos:

- *Voy a ser el Rey León* (del inglés *I Just Can't Wait to Be King*), interpretado por Marc Pociello (el mismo actor que dobla a Simba joven), Ángela Aloy (que canta como Nala de joven) y Eduard Doncos (el mismo actor que dobla a Zazu);
- *Preparaos* (del inglés *Be Prepared*), interpretado por Jordi Doncos (que canta como Scar);
- *Hakuna matata* (del inglés del mismo título), interpretado por Oscar Más (que canta como Timón), Miguel Ángel Jenner (el mismo actor que dobla a Pumba) y Marc Pociello y Sergio Zamora (los mismos actores que doblan a Simba de joven y de adulto);
- *Es la noche del amor* (del inglés *Can You Feel the Love Tonight*), interpretado por Manolita Domínguez como voz principal, y con intervenciones de Ángela Aloy (Nala adulta), Sergio Zamora (Simba adulto), Oscar Más

(Timon) y Miguel Ángel Jenner (Pumba). Este tema se retoma también al final de la película y es cantado por Elton John en inglés[9].

La canción que da comienzo al largometraje, titulada *Circle of Life*, se llamó en español *El ciclo de la vida*, con letra de Omar Canals, Javier Pontón y Miguel Ángel Poveda y voz de Tata Vega. Es importante señalar que *Disney Character Voices International* vela siempre por que las voces de los cantantes y dobladores de las versiones en lengua extranjera se asemejen lo más posible a las originales en inglés, y ese afán influye tanto en la elección de los cantantes y actores de doblaje como en el trabajo de unos y otros.

5. Observaciones finales

Naturalmente, acerca de la traducción y del doblaje al español de los diálogos de *The Lion King* podrían contarse muchas cosas más. Nuestra intención ha sido realizar un breve recorrido por los problemas de traducción más frecuentes y analizar de qué manera se han resuelto. No está de más recordar que el resultado final de un doblaje es responsabilidad de un equipo heterogéneo de profesionales, que trabajan en diferentes fases de un largo proceso. En otras palabras, un guión para doblaje es un *guiso* en el que participan al menos dos *cocineros*, que, en un sentido lato, pueden identificarse como traductores: el traductor propiamente dicho y el director/adaptador del doblaje. En España, el traductor suele limitarse a entregar al estudio de doblaje una versión del guión original traducido con anotaciones personales respecto a la manera más adecuada de traducir ciertos aspectos como el humor, los acentos y los referentes culturales de otra lengua/cultura. Sin embargo, no es inusual que el director del doblaje, desoiga después las recomendaciones del traductor a fin de lograr las consabidas isocronías según la duración de las intervenciones y el ajuste de los sonidos a las imágenes de la pantalla.

En nuestro caso, la pista de diálogos de *El rey león* ha sido el resultado de las incontables decisiones que Sally Templer, Antonio Lara y Alejandro

---

9   En la Edición Platino de The Lion King para disfrute doméstico se prolongó una escena y se incorporó a ella una canción, The Morning Report, proveniente del musical teatral al que dio lugar la película. En la edición en castellano el tema se tituló El informe de hoy y lo cantaron Eduard Doncos y Marc Pociello.

Nogueras, que supervisó el doblaje en representación de la productora Disney, tomaron para resolver las cuestiones que planteó trasladar al español la información, el sentido y matices del guión original en inglés. No cabe duda de que otras personas lo hubieran hecho de manera distinta, en algunas instancias mejor y en otras peor. Si alguna vez la productora Disney llega a optar por el redoblaje al español, podríamos comparar. Hasta entonces, parece oportuno encomiar y reconocer la magnífica calidad de este doblaje, que permitió a los espectadores españoles (y no solo) disfrutar de las aventuras de Simba y sus amigos, y a los estudios Disney explotar muy rentablemente su película en nuestro país.

Obras analizadas

The Lion King, [dir.: Aller, Roger y Rob Minkoff], Walt Disney Pictures, 1994.
El rey león, [director de doblaje: Lara, Antonio], Walt Disney Feature Animation, Walt Disney Ibérica, 1994.

Bibliografía

Agost, Rosa, *Traducción y doblaje: palabras, voces e imágenes*, Barcelona: Ariel, 1999.
Ariza, Mercedes y Lourdes Lorenzo García, *Lenguas minorizadas y dialectos en traducción audiovisual*. Comunicación presentada en *Fourth International Conference on the Translation of Dialects in Multimedia*, Universidad de Bolonia, Italia, 2010.
Beckett, Sandra, *Transcending Boundaries: Writing for a Dual Audience of Children and Adults*, New York & London: Garland, 1999.
Chaume, Frederic, *Cine y traducción*, Madrid: Cátedra, 2004.
Corpas Pastor, Gloria, *Diez años de investigación en fraseología: Análisis sintáctico-semánticos, contrastivos y traductológicos*, Madrid: Iberoamericana, 2003.
Fischer B, Martin. "Konrad, Pinocchio y Edipo. La intertextualidad en la traducción de la literatura infantil", en Lorenzo García, Lourdes;, Ana Mª Pereira y Veljka Ruzicka (eds.), *Contribuciones al estudio de la traducción de literatura infantil y juvenil*, Madrid: Dossat, 43–67, 2000.
González Cascallana, Belén, "Translating Cultural Intertextuality in Children's Literature", en Coillie, John y Walter P. Verschueren (eds.), *Children's Literature in Translation*, 97–110, 2006.
González Vera, Mª Pilar, *The Translation of Recent Digital Animated Movies: the Case of Dream Works Films*, Antz, Shrek *and* Shrek 2 *and* Shark Tale. [Tesis doctoral inédita], Zaragoza: Universidad de Zaragoza, 2010.
Iglesias Gómez, Luis Alberto, *Los doblajes en español de los clásicos Disney* [Tesis doctoral inédita], Salamanca: Universidad de Salamanca, 2009.

Kristeva, Julia, *Desire in Language: A Semiotic Approach to Literature and Art*, Nueva York: Columbia University Press/Londres: Basil Blackwell, 1980.

Lorenzo García, Lourdes, "Funcións básicas das referencias intertextuais e o seu tratamento na tradución audiovisual", *Quaderns. Revista de traducció*, 12, 133–150, 2005.

– y Ana Mª Pereira Rodríguez, "Doblaje y recepción de películas infantiles" en Pascua Flebes, Isabel. (ed.), *La traducción. Estrategias profesionales*, Las Palmas de Gran Canaria: Servicio de Publicaciones de la Universidad de Las Palmas de Gran Canarias, 193–203, 2001.

–, "Blancanieves y los siete enanitos, radiografía de una traducción audiovisual: la versión cinematográfica de Disney en inglés y en español", en Caramés Lage, José Luis et al. (eds.), *El Cine: otra dimensión del discurso artístico*, Oviedo: Universidad de Oviedo, vol. I, 469–483, 1999.

Mena Martínez, Florentina, "En torno al concepto de desautomatización fraseológica: aspectos básicos", *Revista electrónica de estudios filológicos*, 5, [En línea: http://www.um.es/tonosdigital], 2003.

Pereira Rodríguez, Ana Mª y Lorenzo García, Lourdes, "*Notting Hill*: una traducción audiovisual como herramienta para la enseñanza de técnicas generales de traducción", en Zabalbeascoa, Patrick et al. (eds.), *La traducción audiovisual. Investigación, enseñanza y profesión*, Granada: Comares, 241–249, 2005.

–, "Estrategias de traducción de literatura infantil y juvenil y un factor clave: la coherencia", en Lorenzo García, Lourdes; Ana Mª Pereira y Veljka Ruzicka (eds.), *Contribuciones al estudio de la traducción de literatura infantil y juvenil*, Madrid: Dossat, 115–132, 2000.

Ruzicka, Veljka et al., *Evolución de la Literatura Infantil y Juvenil Británica y Alemana hasta el Siglo XX*, Vigo: Ediciones Cardeñoso, 1995.

Shavit, Zohar, "The Ambivalent Status of Texts: the Case of Children's Literature", *Poetics Today*, vol. I, 3, 75–86, 1980.

Zabalbeascoa, Patrick, "Contenidos para adultos en el género infantil: el caso del doblaje de Walt Disney", en Ruzicka, Veljka; Celia Vázquez García y Lourdes Lorenzo García (eds.), *Literatura infantil y juvenil. Tendencias actuales en investigación*, Vigo: Universidad de Vigo, 19–30, 2000.

Otras fuentes electrónicas

Doblaje Disney: http://www.doblajedisney.com [Consulta: 4 de marzo de 2013]

Estudio de la traducción al español de los textos derivados del filme

Beatriz Mª Rodríguez Rodríguez
Universidad de Vigo
brodriguez@uvigo.es

1. Introducción

El objetivo de este trabajo es analizar el libro derivado del filme *The Lion King* (*El rey León*, Allers y Minkoff, 1994). Tanto el texto original inglés como su traducción al español se publicaron en 1994 en Estados Unidos y Madrid respectivamente, el mismo año de la versión cinematográfica. En el texto meta (TM) no existe ninguna referencia al traductor de la obra y la autoría del texto fuente se atribuye de forma genérica a la compañía Walt Disney.

Pretendemos realizar un estudio evaluativo de la traducción partiendo del análisis contrastivo del TM y del TO (Pedersen, 1997: 111). Siguiendo un enfoque descriptivo, comunicativo y funcional hemos realizado en primer lugar un análisis exhaustivo de los aspectos extratextuales del TM y del TO y un estudio contrastivo de ellos en los dos textos (Lambert y van Gorp, 1991: 52–53; Snell-Hornby, 1995; González Cascallana, 2006). El siguiente paso ha sido el análisis de los aspectos textuales. Se ha prestado especial atención a la intertextualidad cultural (Pascua Febles, 1998) debido a los problemas de traducción que se plantean. Hemos tenido en cuenta también parámetros o criterios de evaluación para valorar todos los datos obtenidos (Brunette, 2000: 180) en relación con su polisistema literario (Even-Zohar, 1990). En este caso, la función y el propósito del texto son especialmente relevantes al tratarse de una obra de literatura infantil dirigida a niños de 6 a 8 años. Es esencial tener en cuenta al lector (Oittinen, 2006a: 41), puesto que el público al que se dirige el texto condiciona en gran medida las decisiones del traductor (Hatim y Mason, 1991: 15; Nord, 1997), si bien es verdad que otras normas afectan a la traducción de la literatura infantil, como por ejemplo, normas del texto origen, normas literarias y estéticas, comerciales, didácticas, pedagógicas y técnicas (Desmidt, 2006: 86). En este caso concreto, la recepción del texto audiovisual previo en la lengua y cultura meta (Toury, 1995: 56) ha influido en la traducción, ya que el texto deriva de la película de Disney. Creemos, por tanto, como afirma González que:

translating children's literature is a complex rewriting process which does not take place in a vacuum but rather in a larger socio-cultural context. Numerous constraints enter into play during the translation process. Factors such as the status of the source text, its adjustment to ideological and/or didactic purposes, its degree of complexity, the needs of the target audience and the prevailing translational norms in the target culture all present specific areas of challenge (2006: 97).

2. Tratamiento traductológico de los elementos macroestructurales

En este nivel los aspectos paratextuales son parte esencial de este análisis contrastivo del TO y el TM puesto que: "The relationship between the body of a text and its accompanying elements... such as titles, chapter titles, notes, epigraphs, illustrations – helps to shape and control the reception of the text by the target readers" (González Cascallana, 2006: 100). El mediador anónimo no ha incluido notas a pie de página como cabría esperar al tener en cuenta el tipo de edición y el lector infantil al que va dirigido. La estructura del libro tampoco plantea problemas, ya que ninguno de los dos textos está dividido en capítulos o secciones. El título se ha transferido manteniendo las mismas connotaciones semánticas en el TM y coincidiendo con la traducción al español del título de la película de Disney.

Nos encontramos ante un libro ilustrado por lo que nos centraremos en el análisis de la ilustración, un elemento esencial que contribuye en cierta manera a caracterizar a los personajes, a dar cierta vida a lo que está sucediendo (Tabernero, 2005: 90 y ss). La imagen tiene, por tanto, la función de servir de mediador entre el creador literario y el receptor (García Padrino, 2004: 19–20). Teniendo en cuenta el lector al que va dirigida la obra, no se puede ignorar tampoco su función didáctica porque la ilustración "posee un papel esencial en el proceso de educación estética y literaria, ya que comprender e interpretar la imagen forma parte del proceso de recepción lectora" (Amo, 2003: 141), lo que conlleva un impacto emocional importante (Oittinen, 2006b: 94).

En la obra que estamos analizando, el TO y el TM incluyen las mismas imágenes a lo largo de la narración, imágenes, como cabría esperar, tomadas de la película. Destaca entonces que la imagen de la portada principal sea diferente. En el TO aparecen Mufasa y Zazú, junto a Simba y Nala cuando eran cachorros, mientras que en el TM sólo encontramos al pequeño Simba sobre la espalda de su padre Mufasa de noche y contemplando las estrellas. La imagen de portada del TO es inédita en el libro, mientras que la del TM es una de las imágenes que se incluyen en el libro (TO: 38; TM: 44).

Fig. 1:   Portada del TO

Fig. 2:   Portada del TM

A pesar de estas divergencias, lo más relevante es el número considerable de imágenes que se han añadido en el TM, imágenes con las que también se incluye texto narrativo. Trataremos este aspecto en detalle en la siguiente sección.

El análisis del TO y del TM nos permite concluir que la relación entre las imágenes y el texto traducido, entre los elementos visuales y verbales, es totalmente coherente (Brunette, 2000: 175). No hay ningún elemento en el TM que contradiga la información proporcionada por las imágenes. Los referentes textuales se mantienen en la imagen, lo que permite que la ilustración cumpla su función. Incluso la disposición del texto narrativo coincide, ya que en prácticamente casi todos los casos el texto está en la misma página. Las imágenes se disponen a doble página para atraer mejor la atención del lector.

3. Tratamiento traductológico de los elementos microestructurales

En esta sección se analizan los aspectos relativos a la intertextualidad cultural que se puede aplicar a este nivel.

3.1 Expansiones de elementos verbales y paratextuales

Es ciertamente relevante el número y longitud de las expansiones que el traductor anónimo ha incluido a lo largo del TM. En la mayoría de los casos se trata de frases enteras en las que el mediador añade algún matiz que resulta obvio en el contexto, o explica alguna situación que parece estar implícita y que podría ayudar al lector infantil a entender mejor el texto. En ningún caso la expansión incluye un contrasentido o implica una diferencia semántica importante.

En el nacimiento de Simba el TM incluye, enfatizando una frase clave en la obra, las palabras que podría decir Rafiki, mientras sostiene a Simba en brazos.

TO: Then he carried the cub to the edge of the rock and held it high (5).
TM: Después, llevó al cachorrillo a la cima de la Roca y le sostuvo en alto. Rafiki dijo:
– Damos la bienvenida a Simba, nuestro futuro Rey, a su llegada al círculo de la vida (5).

En el ejemplo siguiente la expansión describe la actitud de Simba cuando su padre no le deja ir con él a las Tierras del Reino para ver lo que están haciendo las hienas.

TO: "No, son", his father replied, and he took off alter the dark shapes in the distance." (19).
TM: – No, hijo – contestó su padre echando a correr hacia las lejanas sombras. <u>Simba siguió a Zazú a regañadientes</u> (19).

En el ejemplo siguiente el elemento añadido insiste en la petición que Simba le está haciendo a su madre:

TO: "Mom", he said to Sarabi, "I just heard about this great place! Can Nala and I go?" (24).
TM: – Mamá – dijo a Sarabi –, ¡acabo de oír hablar de un sitio fantástico! ¿Podemos ir Nala y yo? <u>Porfaa...</u> (26).

Después del incidente con las hienas y ante la desobediencia de Simba, Mufasa quiere darle un consejo a su hijo mientras ambos contemplan las estrellas. La inclusión de la frase "El sol se había puesto tras el Kilimanjaro" parece añadir un cierto tono poético. Curiosamente, la referencia a la montaña más alta de África no aparece en ningún momento en el TO.

TO: "Simba, being brave doesn't mean you go looking for trouble. Overhead, stars began to dot the evening sky. Simba looked at this father and said: "We'll always be together. Right?" (38).
TM: Ser valiente no quiere decir que vayas buscando problemas. <u>El sol se había puesto tras el Kilimanjaro,</u> las estrellas empezaban a aparecer en el cielo. Simba miró a su padre y dijo:
– Siempre estaremos juntos, ¿verdad? (44).

Siguiendo las órdenes de Skar, las hienas persiguen a Simba hasta que está prácticamente atrapado. La expansión explicita la postura desafiante de las hienas.

TO: At the end of a plateau, the hyenas caught up with Simba. There was only one way for the lion cub to escape (55).
TM: Las hienas encontraron a Simba junto al borde de un barranco. <u>– ¿Estás solo? – se burlaron Shenzi y Banzai –. ¡Esta vez sí que te tenemos!</u> El cachorro sólo tenía un modo de escapar (63).

Después de que Skar comunica a todos la muerte de Mufasa y las circunstancias que la rodearon, en el TM se explica la reacción de Rafiki, algo que aparece reflejado en la imagen.

TO: Rafiki, shaking his head in disbelief, watched from a distance (57).
TM: Rafiki, sacudiendo la cabeza con incredulidad, observaba desde lejos. El viejo babuino se alejó para estar solo (65).

Fig. 3:   Rakifi se aleja al conocer la muerte de Mufasa

En el ejemplo siguiente existe una amplificación, una reformulación cercana a la modulación, ya que implica un cambio en el punto de vista. Timón, Pumba, Nala y los demás están buscando a Simba. Rafiki les dice que acaba de regresar a las Tierras del Reino para intentar solucionar la difícil situación que atraviesan todos bajo el dominio de Skar. El TO se centra en la figura de Simba, mientras que el TM lo hace en la reacción de sus amigos.

TO: Ahead of them, Simba moved swiftly toward Pride Rock (81).
TM: ¡Voy con él! – Yo también! – dijo Pumba. Se volvió hacia su amigo y dijo: – Timón, es una cuestión de responsabilidad. – ¡Vale! ¡Bien! ¿Quién te necesita? – dijo Timón, que decidió quedarse atrás (93).

Existe un considerable número de casos en los que las expansiones incluidas en el TM ocupan varias páginas e implican también la inclusión de nuevas imágenes que no existen en el TO, lo que lleva al concepto de adaptación (Pascua Febles, 1998). Siguiendo la disposición de texto e imagen de la obra, estas expansiones de texto e imagen cubren dos páginas. Las expansiones vuelven a incidir en explicitar lo que está sucediendo, algo a lo que también contribuye la propia inclusión de imágenes a la vez que facilita la comprensión del texto y el interés por el mismo (Pascua Febles, 1998: 443). Como sucede a lo largo de la obra, la información que aportan estas nuevas imágenes coincide completamente con el texto narrativo incluido y, en principio, se trata de imágenes tomadas de la película.

En las páginas 14 y 15, las imágenes y texto añadidos contribuyen a explicitar la primera pelea dialéctica entre Mufasa y Skar, por lo que ambos personajes aparecen en actitud desafiante.

> TM: Mufasa gritó a Skar: – ¡No me des la espalda!…. Esta vez Mufasa no dijo nada (14–15).

En el segundo ejemplo las hienas rodean a Simba y a Nala y, amenazantes, comentan que hace tiempo que no comen cachorros de león.

> TM: Mientras avanzaban, Banzai exclamó… los cachorros intentaron escapar, pero las hienas se dieron cuenta y corrieron tras ellos hasta que les rodearon (36–37).

En las páginas 42–43 el narrador describe lo que Skar y Mufasa pensaban tras el incidente en el que estos cachorros habían sido intimidados por las hienas a instancias de Skar.

> TM: Mientras tanto, Skar había estado observando todo desde un alto… Mufasa sólo tenía ojos para Simba, que le había desobedecido (42–43).

La expansión que cubre las páginas 54–55 narra cómo Mufasa consigue poner a salvo a su hijo a pesar de la gravedad de la estampida provocada por Skar.

> TM: Agarrando a su hijo, Mufasa se abrió camino entre la atronadora manada …. Miró hacia las paredes del barranco buscando un lugar seguro donde poner a Simba. Al fin encontró uno (54–55).

Pumba y Timón instruyeron a Simba de forma divertida y mediante juegos hasta que se convierte en un león adulto, algo que detalla el TM en las páginas 72–73, como vemos en la figura 4.

TM: Pumba y Timón instruyeron a Simba sobre cómo vivir la vida sin preocupaciones
... desde bailar bajo los árboles a lanzarse al río columpiándose en las lianas (72–73).

Fig. 4

El narrador relata mediante una expansión cómo una noche Simba está
pensativo en la colina recordando a su padre e intenta aplicar la filosofía de
Hakuna Matata.

TM: Más tarde, aquella misma noche, Simba dejó a sus amigos y subió a una colina
cercana.... Se dijo: – Hakuna matata. Intentaría no pensar en el pasado (76–77).

Las páginas 78–79 recogen cómo Rafiki intenta adivinar lo que sucederá en el
futuro y se da cuenta de la importancia de la figura de Simba para terminar con
el caos en que está sumido el reino.

TM: Mientras intentaba olvidar el pasado, Rafiki, el viejo sacerdote trataba de adivinar
el futuro... Cogió su bastón y emprendió el camino hacia las Tierras del Reino (78–79).

Casi al final del relato el narrador describe cómo Simba contempla su reino y
agradece a Rafiki y a Nala todo el apoyo que le han prestado para conseguir
recuperarlo y que vuelva a reinar el orden.

TM: Desde lo alto de la Roca del Rey, Simba vigilaba su reino. Cuando veía las prós-
peras tierras allá abajo, sabía que había actuado correctamente... Después dio las gracias a Rafiki y a su vieja amiga Nala, que, por supuesto, ahora era su reina (110–111).

3.2 Omisiones

El número de omisiones es prácticamente irrelevante. Existen solo dos casos y no implican ninguna diferencia semántica importante. En el ejemplo siguiente la omisión de un vocativo lleva a la pérdida de un cierto cariz de camaradería entre las hienas:

> TO: "*Did you bring us anything to eat, Scar, old buddy?" Banzai asked* (41).
> TM: – ¿Nos has traído algo para comer, Skar? – preguntó Banzai (44).

Finalmente recogemos el caso en el que se pierde toda referencia al momento del día en el que se desarrolla la acción. La personificación tiene cierta importancia debido a la figura del sol en la comparación, comparación que, como comentaremos después, aparece también al principio de la obra en el TO y TM.

> TO: As the morning sun touched the African plain, Simba thought of something his father had once told him. "A king's time as ruler rises and falls like the sun. One day the sun will set on my time and rise with you as the new king" (96).
> TM: Entonces, Simba recordó algo que le había dicho su padre una vez: «El tiempo de reinado de un rey llega y se va como el sol. Un día el sol se pondrá en mi tiempo y saldrá conmigo como nuevo rey» (112).

3.3 Tratamiento traductológico de los antropónimos y topónimos

Collie (2006: 124 y ss) resume las estrategias de traducción empleadas en la traducción de los antropónimos y concluye que los factores que condicionan las decisiones del traductor son: la naturaleza del nombre en cuestión, factores textuales, referencia del traductor, entre otros. En este caso creemos que las decisiones se habían tomado con anterioridad en las traducciones y adaptaciones previas.

Como afirman Aixelá (2000: 71) y Fernándes (2006: 49), a la hora de traducir los nombres propios es importante tener en cuenta el grado de semantización del nombre propio en cuestión. Los nombres convencionales no se deben trasvasar, mientras que sí se debe hacer en los nombres expresivos, aquellos cuyas connotaciones semánticas son especialmente relevantes para el lector y le permiten comprender el texto.

Los nombres de los principales protagonistas los podríamos clasificar como convencionales y por ello el mediador mantiene el préstamo, transfiere el término. Sin embargo, estos nombres poseen significados concretos en Swahili, significado que desaparece totalmente en el TM, aunque creemos que lo mismo le sucedería al lector del TO, por eso se han transferido.

Estos son los nombres de los personajes que tienes connotaciones semánticas en Swahili:

Simba	León
Nala	Regalo, obsequio
Mufasa	Nombre propio del último rey de Bagada, pueblo de Kenia precolonial
Sarabi	Espejismo
Banzai	Merodear
Shenzi	Grosero, ordinario
Rafiki	Amigo
Pumba	Descuidado, negligente, tonto

Las fórmulas de tratamiento se traducen debido a su importancia en el relato y a que el equivalente en la lengua meta mantiene las mismas connotaciones. Se mantiene también el uso de la mayúscula en todos los casos.

TO	TM
King Mufasa	Rey Mufasa
Queen Sarabi	Reina Sarabi
Simba	Simba
Nala	Nala
Rafiki	Rafiki

Nombres de las hienas:

Shenzi	Shenzi
Banzai	Banzai
Ed	Ed

Algunos nombres de los personajes se adaptan siguiendo las convenciones tipográficas de la LM:

Zazu	Zazú
Pumbaa	Pumba
Timon	Timón

Un nombre que se ha transferido y que presenta un significado importante es:

Scar	Skar

En este caso se pierden connotaciones semánticas importantes, ya que el término significa "cicatriz" y es un rasgo que caracteriza el personaje y que aparece, evidentemente, en todas las imágenes. Cuando era cachorro Skar se llamaba "Taka". Se hizo la cicatriz en un accidente con unos búfalos cerca de las colinas al intentar hacer caer a Mufasa en una emboscada. Llama la atención la adaptación ortográfica a la lengua meta, algo que no es recurrente en otros textos meta. Además, debería escribirse con "c" para que coincida con "cicatriz" y los receptores identifiquen mejor la carga semántica. En algunas traducciones o adaptaciones se mantiene el préstamo, el término se transfiere.

En cuanto al tratamiento traductológico de los topónimos, podemos diferenciar dos grupos siguiendo la norma que acabamos de comentar y las normas generales de la teoría de la traducción que se suelen aplicar. Por una parte, cabe señalar que los topónimos que poseen equivalente directo en la lengua meta se han traducido.

TO: *African plain* (2).
TM: sabana africana (2).

Frente a esto, los topónimos que presentan importantes connotaciones semánticas se han trasvasado. *Pride* significa grupo de leones; enfatiza la idea del rey León. Es la traducción de la película. Evidentemente el posible juego con el significado de orgullo se pierde en la traducción.

TO: Pride Lands (2).
TM: Tierras del Reino (2).

TO: Pride Rock (2).
TM: Roca del Rey (2).

3.4 Interjecciones y onomatopeyas

Las interjecciones y onomatopeyas se han adaptado en todos los casos utilizando el término equivalente en la lengua meta como sugieren, por ejemplo, Valero Garcés (1999: 135) y Collie (2006: 117).

TO: *Wow* (15, 21, 31).
TM: Uau (17, 23, 33).

TO: *Aw* (19)
TM: Oh (20).

TO: *Ha, ha* (32).
TM: Ja, ja (34).

3.5 Modulaciones

Existen determinados casos en los que el mediador anónimo recurre a la modulación, lo que generalmente implica un cambio de punto de vista, un término más explícito, coincidiendo con la naturaleza de algunas expansiones ya comentadas.

En el ejemplo siguiente la traducción es explícita, interpretativa porque ese es el sentido del término en el contexto:

> TO: "That was today?" Scar said (11).
> TM: – ¿Era hoy? – dijo Skar mintiendo descaradamente (11).

Simba y Nala consiguen escapar de Zazú para poder ir al cementerio de los elefantes, un lugar al que les estaba prohibido acercarse. Las connotaciones que encierra el término "victory" se pierden en el TM.

> TO: In the spirit of victory Simba playfully leapt for Nala (31).
> TM: Muy contento Simba saltó hacia Nala (33).

Simba se enfrenta a Skar, y las hienas intentan atacar al primero. A pesar de utilizar otro término, las connotaciones se mantienen en el TM.

> TO: "Enough!" Scar finally cried (88).
> TM: – Todos quietos! gritó Skar (102).

Simba habla con su tío Skar y el mediador utiliza una transposición y una modulación enfatizando el concepto de posesión en vez del de gobierno, que quizás podría ser más acertado teniendo en cuenta el futuro papel de Simba:

> TO: My Dad just showed me the whole kingdom, and I'm gonna rule it all! (21).
> TM: ¡Mi papá acaba de enseñarme todo el reino que un día será mío! (23).

Simba habla con su tío Skar y esta es la primera vez que se menciona a Rafiki, por lo que se incluye una aposición definitoria. A continuación se le denominará "old baboon" (TO: 73), "viejo babuino" (TM: 87).

> TO: Rafiki, the wise, old mystic (5).
> TM: Rafiki, el viejo y sabio sacerdote babuino (5).

Los términos "meerkat" y "warthdog", que definen a qué clase de animal pertenecen Timón y Pumba, se han traducido como "mangosta" y "facóquero" respectivamente. Los términos utilizados en el TM mantienen todas las connotaciones de estos animales tan característicos de África. No se ha mantenido, por tanto, el término "suricato" que es el que se utiliza en el filme.

3.6 Uso de letra cursiva: diferencias entre TO y TM

El TO incluye varias frases en las que se utiliza la cursiva con propósito enfático. Dicho énfasis no se mantiene en el TM en ningún caso mediante los procedimientos equivalentes (cambio en el orden de los elementos en la oración, signos de exclamación, sujeto enfático o expresiones de énfasis). Hacemos una propuesta (P) debajo de cada ejemplo que sí recuperaría dicho valor enfático.

TO: you are the king's brother (11).
TM: eres el hermano del rey (11).
P: Es que eres el hermano del rey.
TO: "I was first in line until the little hairball was born" (13).
TM: yo era el primero en la línea de sucesión al trono hasta que nació ese bola de pelo (13).
P: Era yo el primero en la línea...

3.7 Juegos de palabras

En el libro existen dos juegos de palabras que se han conseguido transvasar en igualdad de condiciones al TM. El primero, que juega con la polisemia de "to die", refleja la crueldad infinita de Skar; se trata de un caso de metáfora asimétrica (Lorenzo García, 2000: 88–89, 132–133): Simba sólo entenderá el significado figurado del término ('estar deseando con ansia') y su tío escoge el significado literal ('morirse, fallecer'), puesto que está preparando la emboscada que terminará con la vida de Mufasa. Este tipo de asimetrías suelen coincidir con una doble recepción: el adulto se percatará de inmediato de las aviesas intenciones de Skar mientras que los niños más pequeños sólo serán capaces de percibir con Simba la alegría ante una futura sorpresa. El uso de la cursiva en el TO enfatiza la ironía que encierra este juego de palabras.

TO: "Will I like the surprise, Uncle Scar?" "Simba, it's to die for. Now wait here and find out" (42).
TM: ¿Me gustará la sorpresa, tío Skar? – Simba, es algo para morirse. Espera aquí y verás (49).

Existe otro juego de palabras en la obra (una paronomasia al tratarse de un verbo y un adjetivo) que tampoco implica un problema de traducción, por lo que el traductor anónimo lo mantiene, aunque utiliza una modulación para transferirlo:

> TO: Oh, I feel simple awful! It must have <u>slipped</u> my mind". "Well, as <u>slippery</u> as your mind is, you are the king's brother" Zazu reminded him (11).
> TM: "¡Me había <u>olvidado</u> por completo! – Bueno, por muy <u>olvidadizo</u> que seas, eres el hermano del Rey – le recordó Zazú (11).

3.8 Repeticiones

En el TM se mantienen todos los paralelismos y repeticiones. Ninguno de los ejemplos plantea problemas de traducción.

> TO: <u>Not far from</u> where Simba waited, a herd of wildebeests grazed. <u>Not far from</u> the herd (45).
> TM: <u>No lejos del lugar</u> donde Simba esperaba, pacía una manada de ñúes, y <u>no lejos de</u> la manada (51).

> TO: "<u>Run away</u>, Scar," Simba commanded, repeating the advice his uncle had once given him. "Run away and never come back" (93).
> TM: – ¡<u>Vete</u>, Skar! – ordenó Simba, repitiendo la orden que su tío le dio un día-. ¡<u>Vete</u> y no vuelvas nunca más! (107).

> TO: "<u>Remember</u> who you are … You are my son and the one true king. <u>Remember</u> …" (77).
> TM: <u>Recuerda</u> quién eres … Eres mi hijo y el verdadero rey. <u>Recuerda</u> … (91).

> TO: "I was the first in line until the little <u>hairball</u> was born" "That <u>hairball</u> is my son" Mufasa reminded him (13).
> TM: Yo era el primero en la línea de sucesión al trono hasta que nació esa <u>bola de pelo</u> – respondió Skar.
> – Esa "<u>bola de pelo</u>" es mi hijo – le dijo Mufasa (13).

4. Conclusiones

En nuestro estudio del texto inglés derivado del filme *The Lion King* y su traducción al español se ha puesto de relieve que, en líneas generales, el autor y el mediador han mantenido los mismos parámetros. En ambos casos se han respetado las necesidades del público infantil al que está dirigida la obra (léxico sencillo, repeticiones que ayudan a fijar los conceptos, etc.).

Al tratarse de un libro ilustrado, debemos subrayar la importancia de la relación entre los parámetros verbales y no verbales. En la traducción se ha sabido mantener la coherencia en la relación texto-imagen e incluso la disposición del texto suele coincidir en el TO y el TM. Lo que llama considerablemente la atención es el hecho de que el mediador haya incluido, en un número considerable de casos, nuevas imágenes acompañadas de texto en las que se detallan diálogos o situaciones que se han sobreentendido en el TO. En algunos casos, parece existir un propósito didáctico porque se enfatizan situaciones negativas que el niño debería evitar y valores morales que debería aprender. Creemos que también pueden existir razones de política editorial que podrían justificar la inclusión de estos elementos.

Frente a esto hemos visto que las omisiones han sido prácticamente inexistentes y poco relevantes. Paralelamente, el mediador ha recurrido a la modulación en algunos casos para explicitar y clarificar el contexto proporcionando su punto de vista, algo que también consigue mediante expansiones de similares características.

En general, los topónimos y antropónimos se han transferido manteniendo el préstamo y adaptándolo a las convenciones ortográficas del español, aunque se han perdido las connotaciones semánticas que encierra el término «Scar». Posiblemente, el traductor haya también mantenido, en este y otros casos, las propuestas de la versión española del filme.

Las onomatopeyas se han transferido utilizando el equivalente en la lengua meta y se han mantenido los paralelismos y repeticiones, si bien es verdad que no han planteado problemas de traducción.

Podemos concluir, por tanto, que el relato español es bastante apropiado en casi todos los aspectos, si bien es verdad que el TO no encierra grandes dificultades a la hora de transferirlo y que el mediador se permite crear un texto más extenso y completo detallando y recreando situaciones concretas que pueden contribuir a enfatizar el interés didáctico de la obra para el lector. Estamos ante un TM a medio camino entre la traducción y la adaptación.

Obras analizadas

Texto en LO: The Walt Disney Company, *The Lion King*. Disney Classic Series. ISBN: 1-57082-087-2, 1994.

Texto en LM: The Walt Disney Company, *El rey León*. Madrid: Gaviota. Los Clásicos Disney. ISBN: 84-392-8447-0, 1994.

Bibliografía

Aixelá, Javier, *La traducción condicionada de los nombres propios (inglés-español,* Salamanca: Ediciones Almar, 2000.

Aller, Roger y Rob Minkoff (dir), *The Lion King,* Walt Disney Pictures, 1994.

Amo Sánchez- Fortún, José Manuel, *Literatura infantil: claves para la formación de la competencia literaria,* Málaga: Aljibe, 2003.

Brunette, Louise, "A Comparison of TQA Practices", *The Translator* 6.2: 169–182, 2000.

Collie, Jan V., "Character Names in Translation. A Functional Approach", en Coillie, John y Walter Verschueren (eds.), *Children's Literature in Translation,* Manchester: St. Jerome. 123–139, 2006.

Desmidt, Isabelle, "A Prototypical Approach with Descriptive Translation Studies? Colliding Norms in Translated Children's Literature", en Coillie, John & Walter P. Verschueren (eds.), *Children's Literature in Translation,* Manchester: St. Jerome, 79–96, 2006.

Even-Zohar, Itamar, "The Position of Translated Literature within the Literary Polysystem", *Poetics Today* 11,1, 45–51, 1990.

Fernándes, Lincoln, "Translation of Names in Children's Fantasy Literature: Bringing the Young Reader into Play", *New Voices in Translation Studies* 2, 44–57, 2006.

García Padrino, Jaime, *Formas y colores: la ilustración infantil en España,* Cuenca: Universidad Castilla-La Mancha, 2004.

González Cascallana, Belén, "Translating Cultural Intertextuality in Children's Literature", en Coillie, John y Walter P. Verschueren (eds.), *Children's Literature in Translation,* 97–110, 2006.

Hatim, Basil e Ian Mason, *The Translator as Communicator,* Londres: Routledge, 1997.

Lambert, José y Hendrik van Gorp, "On Describing Translations", en Hermans, Theo (ed.), *The Manipulation of Literature. Studies in Literary Translation,* Londres: Croom Helm, 42–52, 1985.

Lorenzo García, Lourdes, *A traducción da metáfora inglesa no galego: estudio baseado nun corpus de literatura infantil/xuvenil contemporánea,* Vigo: Universidade de Vigo, 2000.

Nord, Christiane, *Translation as a purposeful activity. Functionalist Approaches Explained,* Manchester: St. Jerome, 1997.

Oittinen, Ritta, "No Innocent Act: On the Ethics of Translating for Children", en Coillie, John y Walter P. Verschueren (eds.), *Children's Literature in Translation,* Manchester: St. Jerome. 35–46, 2006a.

–, "The Verbal and the Visual: on the Carnivalism and Dialogics of Translating for Children", en Lathey, Gillian (ed.), *The Translation of Children's Literature: A Reader,* Clevedon: Miltilingual Matters, 2006b.

Pascua Febles, Isabel, *La adaptación en la traducción de la literatura infantil,* Las Palmas de Gran Canaria: Universidad de las Palmas de Gran Canaria, 1998.

Pedersen, Viggo Hjornasen, "Description and Criticism: Some Approaches to the English Translations of Hans Christian Andersen", en Trosborg, Anna (ed.), *Text Typology and Translation,* vol. 26, Amsterdam & Philadelphia: John Benjamins, 99–113, 1997.

Snell-Hornby, Mary, "On Models and Structures and Target Text Cultures: Methods of Assessing Literary Translation", en Marco Borillo, Josep (ed.), *La Traducció Literaria,*

"Estudis sobre la traducció 2", Castelló de la Plana: Publicacions de la Universitat Jaume I, 43–58, 1995.

Tabernero Sala, Rosa, *Nuevas y viejas formas de contar. El discurso narrativo infantil en los umbrales del siglo XXI*, Zaragoza: Prensas universitarias de Zaragoza, 2005.

Toury, Gideon, *Descriptive Translation Studies and Beyond*, Amsterdam & Philadelphia: Benjamins, 1995.

Valero Garcés, Carmen, "La traducción del comic: retos, estrategias y resultados", *Babel-Afial* 8, 117–138, 1999.

Bibliografía general

Abós Álvarez-Buiza, Elena, "La literatura infantil y su traducción", en Vega, Miguel Ángel y Rafael Martín-Gaitero (eds.), *La Palabra Vertida*. *Investigaciones en torno a la Traducción*, Madrid: Instituto Universitario de Lenguas Modernas y Traductores/Universidad Complutense de Madrid, 359–370, 1997.

Agost, Rosa, *Traducción y doblaje: palabras, voces e imágenes*, Barcelona: Ariel, 1999.

– y Frederic Chaume (eds.), *La traducción en los medios audiovisuales*, Castellón: Universitat Jaume I, 2000.

Aixelá, Javier, *La traducción condicionada de los nombres propios (inglés-español*, Salamanca: Ediciones Almar, 2000.

Aller, Roger y Rob Minkoff (dir), *The Lion King*, Walt Disney Pictures, 1994.

Althusser, Louis, *Escritos (1968–1970)*, Barcelona: Laia, 1974.

Amo Sánchez- Fortún, José Manuel, *Literatura infantil: claves para la formación de la competencia literaria*, Málaga: Aljibe, 2003.

Ariza, Mercedes y Lourdes Lorenzo García, *Lenguas minorizadas y dialectos en traducción audiovisual*. Comunicación presentada en *Fourth International Conference on the Translation of Dialects in Multimedia*, Universidad de Bolonia, Italia, 2010.

Ávila, Alejandro, *El doblaje*, Madrid: Cátedra, 1997.

Baldelli, Pio, *El cine y la obra literaria*, La Habana: ICAIC [Ed. original en italiano, 1964], 1966.

Balló, Jordi, y Xavier Pérez, *La semilla inmortal. Los argumentos universales en el cine*, Barcelona: Anagrama, 1997.

Barsanti, Mª Jesús, "Vida y obra de Félix Salten", en Ruzicka, Veljka (ed.), *Diálogos intertextuales 2: Bambi*, Frankfurt y Main: Peter Lang, 15–41, 2009.

Becerra Suárez, Carmen, "De la tradición histórico-literaria al texto fílmico", en Ruzicka, Veljka (ed.), *Diálogos intertextuales 1: Pocahontas*, Frankfurt y Main: Peter Lang, 55–87, 2008.

Beckett, Sandra, *Transcending Boundaries: Writing for a Dual Audience of Children and Adults*, New York & London: Garland, 1999.

Bell Hooks, *Reel to Real: Race, Sex, and Class in the Movies*, New York: Routledge, 1996.

Bell, Elizabeth, Lynda Haas y Laura Sells (eds.), *From Mouse to Mermaid: the Politics of Film, Gender and Culture*, Bloomington: Indiana U.P., 1995.

Belsey, Catherine, "Shakespeare and Film: A Question of Perspective", en Shaughnessy, Robert (ed.), *Shakespeare on Film*, New York: St. Martin's Press, 61–70, 1998.

Benshoff, Harry M. y Sean Griffin, *America on Film: Representing Race, Class, Gender, and Sexuality at the Movies*, Londres: Blackwell, 2003.

Bloom, Harold, *Shakespeare: la invención de lo humano*, Barcelona: Anagrama, 2002.

Bluestone, George, *Novels into film*, Baltimore: Johns Hopkins University Press [1ª edición 1957), 2003.

Bristol, Michael, *Big-Time Shakespeare*, New York: Routledge, 1996.

Brode, Douglas, *Multiculturalism and the Mouse. Race and Sex in Disney Entertainment*, Austin: University of Texas Press, 2005.

Brunette, Louise, "A Comparison of TQA Practices", *The Translator* 6.2: 169–182, 2000.

Burt, Richard, "Slammin' Shakespeare in Acc(id)ents Yet Unknown: Liveness, Cinem(edi)a, and Racial Dis-Integration", *Shakespeare Quarterly*, 53, 2, 201–226, 2002a.

– (ed.), *Shakespeare after Mass Media*, New York: Palgrave, 295–329, 2002b.

Cahir, Linda Costanzo, *Literature into film: theory and practical approaches*, Jefferson, N.C.: McFarland & Co., cop, 2006.

Campbell, Joseph, *The Hero with a Thousand Faces*, Princeton: Princeton University Press, 1949.

Cartmell, Deborah e Imelda Whelehan (eds.), *The Cambridge Companion to Literature on Screen*. Cambridge: Cambridge University Press, 2007.

– (eds.), *Adaptations: from text to screen, screen to text*, London: Routledge, 1999.

Chaume, Frederic, *Cine y traducción*, Madrid: Cátedra, 2004.

Cohn, Ruby, *Modern Shakespeare Offshoots*, Princeton: Princeton U.P., 1976.

Collie, Jan V., "Character Names in Translation. A Functional Approach", en Coillie, John y Walter Verschueren (eds.), *Children's Literature in Translation*, Manchester: St. Jerome. 123–139, 2006.

Colón, Grigori M., "Teens, Shakespeare, and the Dumbing Down Cliché: The Case of *The Animated Tales*", *Shakespeare Bulletin* 26, 2: 37–68, 2008.

Corpas Pastor, Gloria, *Diez años de investigación en fraseología: Análisis sintáctico-semánticos, contrastivos y traductológicos*, Madrid: Iberoamericana, 2003.

Corrigan, Timothy, "Literature on screen, a history in the gap", en Cartmell, Deborah e Imelda Whelehan (eds.), *Adaptations: from text to screen, screen to text*, London: Routledge, 29–43, 2007.

–, *Film and Literature: An Introduction and Reader*, Upper Saddle River, N.J.: Prentice Hall, 2000.

Corvo, Mª José, "El mundo de *Bambi* desde la perspectiva de Salten, en Ruzicka, Veljka (ed.), *Diálogos intertextuales 2: Bambi*, Frankfurt y Main: Peter Lang, 43–81, 2009.

Coursen, Herbert R., *Shakespeare Translated. Derivatives on Film and Television*, New York: Peter Lang, 2005.

Couto Lorenzo, Xerardo, *Arredor da dobraxe: algunhas cuestións básicas*, A Coruña: Deputación Provincial da Coruña (col. Manuais Casahamlet, teatro, 10), 2009.

Croce, Marcela, *El cine infantil de Hollywood. Una pedagogía fílmica del sistema político*, Málaga: Alfama, 2008.

Dardis, Tom, *Some Time in the Sun: The Hollywood Years of F. Scott Fitzgerald, William Faulkner, Nathanael West, Aldous Huxley and James Agee*, New York: Limelight Ed. [1ª ed. Londres: André Deutsch, 1976], 1988.

Davies, Anthony y Stanley Wells (eds.), *Shakespeare and the Moving Image. The Plays on Film and Television*, Cambridge: Cambridge U.P., 1994.

Deleyto, Celestino, *Ángeles y demonios. Representación e ideología en el cine contemporáneo de Hollywood*, Barcelona: Paidós, 2003.

Desmet, Christy y Robert Sawyer (eds.), *Shakespeare and Appropriation*, Londres: Routledge, 1999.

Desmidt, Isabelle, "A Prototypical Approach with Descriptive Translation Studies? Colliding Norms in Translated Children's Literature", en Coillie, John & Walter P. Verschueren (eds.), *Children's Literature in Translation*, Manchester: St. Jerome, 79–96, 2006.

Dorfman, Ariel, *Patos, elefantes y héroes: la infancia como subdesarrollo*, Madrid: Siglo XXI, 2001.

–, *The Empire's Old Clothes: What the Lone Ranger, Babar and Other Innocent Heroes do to Our Minds*. New York: Penguin, 1983.

– y Armand Mattelart, *Para leer al pato Donald. Comunicación de masas y colonialismo*, Buenos Aires: Siglo XXI, 2005, 1972.

Dundes, Lauren y Alan Dundes, "Young Hero Simba Defeats Old Villain Scar: Oedipus wrecks the Lyin' King", *The Social Science Journal*, 43: 3, 479–485, 2006.

Duro, Miguel (coord.), *La traducción para el doblaje y la subtitulación*, Madrid: Cátedra, 2001.

Eisenstein, Sergei, "Dickens, Griffith and the Film Today", en *Film Form: Essays in Film Theory*, ed. y trad. al inglés Jay Leyda [1ª ed. 1949. 2ª ed. San Diego: Harcourt Brace Jovanovich, 1977], 200–205, 1944.

Entrambasaguas, Joaquín de, *Filmoliteratura. Temas y ensayos*, Madrid: CSIC, 1954.

Even-Zohar, Itamar, "The Position of Translated Literature within the Literary Polysystem", *Poetics Today* 11,1, 45–51, 1990.

Fernándes, Lincoln, "Translation of Names in Children's Fantasy Literature: Bringing the Young Reader into Play", *New Voices in Translation Studies* 2, 44–57, 2006.

Fernández López, Marisa, *Traducción y literatura juvenil. Narrativa anglosajona contemporánea en España*, León: Universidad de León, 1996.

Finkelstein, Richard, "Disney Cites Shakespeare: The Limits of Appropriation", en Desmet, Christy y Robert Sawyer (eds.), *Shakespeare and Appropriation*, Londres: Routledge, 179–196, 1999.

Fischer B, Martin. "Konrad, Pinocchio y Edipo. La intertextualidad en la traducción de la literatura infantil", en Lorenzo García, Lourdes;, Ana Mª Pereira y Veljka Ruzicka (eds.), *Contribuciones al estudio de la traducción de literatura infantil y juvenil*, Madrid: Dossat, 43–67, 2000.

Fischlin, Daniel, y Mark Fortier (eds.), *Adaptations of Shakespeare: A Critical Anthology of Plays from the Seventeenth Century to the Present*, Londres: Routledge. 2000.

Fra López, Patricia, *Cine y literatura en F. Scott Fitzgerald: del texto literario al guión cinematográfico*, Santiago: Universidade de Santiago de Compostela, 2002a.

–, 1º semestre. "O guión dentro dos estudios da adaptación de textos literarios ó cine: *The Last Tycoon* de Fitzgerald, Pinter y Kazan", en *Boletín Galego de Literatura*, nº 27, 27–67, 2002b.

– y Mª Teresa Vilariño Picos (coord.), 1º semestre. "Literatura e cinema", monográfico del *Boletín Galego de Literatura*, nº 27, 308, 2002.

Aixelá, Javier, *La traducción condicionada de los nombres propios (inglés-español*, Salamanca: Ediciones Almar, 2000.

Fuzellier, Étienne, *Cinema et literature*, París: Editions du Cerf, 1964.

Gabriel, Mike y Erik Goldberg, *Pocahontas*, USA: The Walt Disney Company, 1995.

Garber, Marjorie, *Shakespeare's Ghost Writers*, Londres: Methuen, 1987.

García Padrino, Jaime, *Formas y colores: la ilustración infantil en España*, Cuenca: Universidad Castilla-La Mancha, 2004.

Garnett, David, *Pocahontas or the Nonparell of Virginia*, Londres: Chatto and Windus, 1932.

Geraghty, Christine, *Now a major motion picture: film adaptations of literature and drama*, Lanham: Rowman & Littlefield Publishers, 2008.

Giroux, Henry A., *Cine y entretenimiento. Elementos para una crítica política del filme*, Barcelona: Paidós, 2003.

–, *El ratoncito feroz. Disney o el fin de la inocencia*, Madrid: Fundación Sánchez Ruipérez, 2001.

–, *La inocencia robada. Juventud, multinacionales y política cultural*, Madrid: Morata, 2000.

Goldman, William, *Adventures in the Screen Trade: A Personal View of Hollywood and Screenwriting*, New York: Warner Books (trad esp. José García Vázquez, *Aventuras de un guionista en Hollywood*, Ed. Plot, 1992), 1983.

González Cascallana, Belén, "Translating Cultural Intertextuality in Children's Literature", en Coillie, John y Walter P. Verschueren (eds.), *Children's Literature in Translation*, 97–110, 2006.

–, *Translation and Intertextuality: a Descriptive Study of Contemporary British Children's Fantasy Literature in Spain (1970–2000)*, [Tesis doctoral inédita], León: Universidad de León, 2002.

González Vera, Mª Pilar, *The Translation of Recent Digital Animated Movies: the Case of Dream Works Films*, Antz, Shrek *and* Shrek 2 *and* Shark Tale, [Tesis doctoral inédita], Zaragoza: Universidad de Zaragoza, 2010.

Gooding-Williams, Robert, "Disney in Africa and the Inner City: on Race and Space in *The Lion King*", *Social Identities*, 1: 373–379, 1995.

Hall, Stuart (ed.), *Representation. Cultural Representations and Signifying Practices*, Londres: Sage, 1997.

Hand, David, *Bambi*, USA: The Walt Disney Company, 1942.

Hatim, Basil e Ian Mason, *The Translator as Communicator*, Londres: Routledge, 1997.

Holland, Peter, "Shakespeare Abbreviated", en Shaughnessy, Robert (ed.), *The Cambridge Companion to Shakespeare and Popular Culture*, New York: Cambridge U.P., 26–44, 2007.

Hourihan, Margery, *Deconstructing the Hero: Literary Theory and Children's Literature*, Londres: Routledge, 1997.

Howard, Tony, "Shakespeare's Cinematic Offshoots", en Jackson, Russell (ed.), *The Shakespeare Companion to Shakespeare on Film*, 295–313, 2000.

Hutcheon, Linda, *A Theory of Adaptation*, New York: Routledge, 2006.

Iglesias Gómez, Luis Alberto, *Los doblajes en español de los clásicos Disney* [Tesis doctoral inédita], Salamanca: Universidad de Salamanca, 2009.

Jess-Cooke, Carolyn, "Screening the McShakespeare in Post-Millennial Shakespeare Cinema", en Thornton Burnett, Mark y Ramona Wray (eds.), *Screening Shakespeare in the Twenty-First Century*, Edimburgo: Edinburgh U.P., 163–184, 2006.

Kidnie, Margaret Jane, *Shakespeare and the Problem of Adaptation*, Londres: Routledge, 2009.

Kristeva, Julia, *Desire in Language: A Semiotic Approach to Literature and Art*, Nueva York: Columbia University Press/Londres: Basil Blackwell, 1980.

Lambert, José y Hendrik van Gorp, "On Describing Translations", en Hermans, Theo (ed.), *The Manipulation of Literature. Studies in Literary Translation*, Londres: Croom Helm, 42–52, 1985.

Lanier, Douglas, *Shakespeare and Modern Popular Culture*, Oxford: Oxford U.P., 2002.

Lasch, Christopher, *La cultura del narcisismo*, Santiago de Chile: Andrés Bello, 1999.

Lefevere, André, *Traducción, reescritura y la manipulación del canon literario*. Traducción de Carmen África Vidal y Román Álvarez. Salamanca: Ediciones Colegio de España, 1997.

Leglise, Paul, *Un oeuvre de précinema: L'Eneide*, París: Nouvelles Editions Debresse, 1958.

Lehmann, Courtney, "Crouching Tiger, Hidden Agenda: How Shakespeare and the Renaissance Are Taking the Rage out of Feminism", *Shakespeare Quarterly*, 53: 2, 260–279, 2002.

Lemos, Ana, "Estratexias para a dobraxe de Shin Chan", en Montero, Xan (ed.), *Tradución para a dobraxe en Galicia, País Vasco e Cataluña*, Vigo: Universidade de Vigo, 133–140, 2010.

Lorenzo García, Lourdes, "Espacios prohibidos y su traducción: *Mummy never told me/The Sprog Owner's Manual*, de Babette Cole y *Scaredy Squirrel*, de Mélanie Watt", en Roig Rechou, Blanca Ana. et al. (eds.), *O álbum na literatura infantil e xuvenil (2000–2010)*, Vigo: Xerais, 395–411, 2011.

–, "Estudio del doblaje al español peninsular de Pocahontas (Disney)", en Ruzicka, Veljka. (ed.), *Diálogos intertextuales 1: Pocahontas*, Frankfurt y Main: Peter Lang, 89–106, 2008.

–, "Funcións básicas das referencias intertextuais e o seu tratamento na tradución audiovisual", *Quaderns. Revista de traducció*, 12, 133–150, 2005.

–, "Traductores intrépidos: intervencionismo de los mediadores en las traducciones del género infantil y juvenil", en Pascua Febles, Isabel *et al.* (eds.), *Actas del I Congreso Internacional Traducción y Literatura Infantil*, Las Palmas de Gran Canaria: Universidad de Las Palmas, 341–350 [CD-Rom], 2003a.

–, "Estudio crítico de la traducción al gallego de A Study in Scarlet", en Ruzicka, Veljka y Lourdes Lorenzo García (eds.), *Estudios críticos de traducción de literatura infantil y juvenil*, Oviedo: Septem Ediciones, 105–141, 2003b.

–, *A tradución da metáfora inglesa no galego: estudio baseado nun corpus de literatura infantil/xuvenil contemporánea*, Vigo: Universidad de Vigo, 2000.

– y Ana Mª Pereira Rodríguez, "Doblaje y recepción de películas infantiles" en Pascua Flebes, Isabel. (ed.), *La traducción. Estrategias profesionales*, Las Palmas de Gran Canaria: Servicio de Publicaciones de la Universidad de Las Palmas de Gran Canarias, 193–203, 2001.

–, "Blancanieves y los siete enanitos, radiografía de una traducción audiovisual: la versión cinematográfica de Disney en inglés y en español", en Caramés Lage, José Luis et al.

(eds.), *El Cine: otra dimensión del discurso artístico*, Oviedo: Universidad de Oviedo, vol. I, 469–483, 1999.

Magny, Claude-Emond, *L'age du roman americain*, Paris: Seuil. [Trad. *La era de la novela norteamericana*, Buenos Aires, Ed. Juan Goyanarte, 1972], 1948.

Martínez Barnuevo, María Luisa, *El largometraje de animación español*, Madrid: Iberautor, 2008.

McFarlane, Brian, "Reading film and literature", en Cartmell, Deborah e Imelda Whelehan (eds.), *Adaptations: from text to screen, screen to text*, London: Routledge, 15–28, 1999.

Mena Martínez, Florentina, "En torno al concepto de desautomatización fraseológica: aspectos básicos", *Revista electrónica de estudios filológicos*, 5, [En línea: http://www.um.es/tonosdigital], 2003.

Metz, Christian, *Essais sur la signification du cinema*, Paris: Klincksieck, 1971.

Miller, Naomi J., *Reimagining Shakespeare for Children and Young Adults*, Londres: Routledge, 2003.

Mitry, Jean, *Esthétique et psychologie du cinema*, Paris: Editions Universitaires, 1963.

Modenessi, Alfredo Michel, "Disney's 'War Efforts': *The Lion King* and *Education for Death*, or Shakespeare made easy for your apocalyptical convenience", [En línea: http://www.periodicos.ufsc.br/index.php/desterro/article/view/7316/6737], 2005. Recogido en Croteau, Melissa y Carolyn Jess-Cooke (eds.). *Apocalyptic Shakespeare: Essays on Visions of Chaos and Revelation in Recent Film Adaptations*, Jefferson: McFarland, 181–196, 2009.

Montero, Xan (ed.), *Tradución para a dobraxe en Galicia, País Vasco e Cataluña*, Vigo: Universidade de Vigo, 2010.

Nikolajeva, Maria, *Children's Literature Comes of Age. Toward a New Aesthetic*, New York/London: Garland Pub. Inc., 1996.

Nord, Christiane, "Functionalist Approaches", en Gambier, Yves y Luc Van Doorslaer (eds.), *Handbook of Translation Studies*, Amsterdam: John Benjamins, 120–128, 2010.

–, *Translation as a purposeful activity. Functionalist Approaches Explained*, Manchester: St. Jerome, 1997.

Oittinen, Ritta, "No Innocent Act: On the Ethics of Translating for Children", en Coillie, John y Walter P. Verschueren (eds.), *Children's Literature in Translation*, Manchester: St. Jerome. 35–46, 2006a.

–, "The Verbal and the Visual: on the Carnivalism and Dialogics of Translating for Children", en Lathey, Gillian (ed.), *The Translation of Children's Literature: A Reader*, Clevedon: Miltilingual Matters, 2006b.

Orero, Pilar (ed.), *Topics in Audiovisual Translation*, Amsterdam: John Benjamins, 2004.

Osborne, Laurie, "Mixing Media and Animating Shakespeare Tales", en Burt, Richard y Lynda E. Boose (eds.), *Shakespeare, the Movie, II. Popularizing the Plays on Film, TV, Video, and DVD*, Londres: Routledge, 140–153, 2003.

Pascua Febles, Isabel, *La adaptación en la traducción de la literatura infantil*, Las Palmas de Gran Canaria: Universidad de las Palmas de Gran Canaria, 1998.

Pedersen, Viggo Hjornasen, "Description and Criticism: Some Approaches to the English Translations of Hans Christian Andersen", en Trosborg, Anna (ed.), *Text Typology and Translation*, vol. 26, Amsterdam & Philadelphia: John Benjamins, 99–113, 1997.

Pereira Rodríguez, Ana Mª, "Estudio de la traducción al español de los textos derivados del filme", en Ruzicka, Veljka (ed.), *Diálogos intertextuales 1: Pocahontas*, Frankfurt y Main: Peter Lang, 107–122, 2008.

Pereira Rodríguez, Ana Mª y Lorenzo García, Lourdes, "*Notting Hill*: una traducción audiovisual como herramienta para la enseñanza de técnicas generales de traducción", en Zabalbeascoa, Patrick et al. (eds.), *La traducción audiovisual. Investigación, enseñanza y profesión*, Granada: Comares, 241–249, 2005.

–, "Guionistas y traductores: misóginos y cómplices en las películas infantiles", en Becerra Suárez, Carmen et al. (eds.), *Lecturas: Imágenes*, Vigo: Universidade de Vigo, 311–317, 2001.

–, "Estrategias de traducción de literatura infantil y juvenil y un factor clave: la coherencia", en Lorenzo García, Lourdes; Ana Mª Pereira y Veljka Ruzicka (eds.), *Contribuciones al estudio de la traducción de literatura infantil y juvenil*, Madrid: Dossat, 115–132, 2000.

Pérez Pico, Susana, "Animando *Bambi*. La versión Disney de la obra de Felix Salten", en Ruzicka, Veljka. (ed.), *Diálogos intertextuales 2: Bambi*, Frankfurt y Main: Peter Lang, 109–148, 2009.

Powers, John, "Collodi´s Brooding, Subversive 'Pinocchio'", [En línea: http://www.npr. org/templates/story/story.php?storyId=101413512], 2012.

Reiss, Katarina y Hans Vermeer, *Fundamentos para una teoría funcional de la traducción* [Traducción española de García, Sandra y Celia Martín del original alemán, 1991], Madrid: Akal, 1996.

Richardson, Robert, *Literature and film*, Bloomington: Indiana University Press, 1969.

Ritzer, George, *La MacDonaldización de la sociedad*, Madrid: Editorial Popular, 2006.

Rodríguez, Beatriz y Lourdes Lorenzo, "La intertextualidad en los textos audiovisuales: el caso de *Donkey* Xote" [En prensa].

Roppars-Willeumier, Marie-Claire, *De la littérature au cinema*, París: Armand Colin, 1970.

Rothwell, Kenneth S., *A History of Shakespeare on Screen: a Century of Film and Television*, Londres: Cambridge U.P., 1999.

Ruzicka, Veljka, "Introducción", en Ruzicka, Veljka (ed.), *Diálogos intertextuales 1: Pocahontas*, Frankfurt y Main: Peter Lang, 11–24, 2008.

–, "La traducción de literatura infantil y juvenil en Alemania", en Lorenzo García, Lourdes et al. (eds.), *Contribuciones al estudio de la traducción de literatura infantil y juvenil*, Madrid: Dossat, 2002.

– et al., *Evolución de la Literatura Infantil y Juvenil Británica y Alemana hasta el Siglo XX*, Vigo: Ediciones Cardeñoso, 1995.

Salten, Felix, *Bambi. A Life in the Woods*, Nueva York: Simon and Schuster [Traducción al inglés de Chambers, Whittaker], 1928.

–, *Bambi. Eine Lebensgeschichte aus dem Walde*, Berlin-Wien-Leizpig: Ullstein, 1923.

Sánchez Noriega, José Luis, "De los literatos descontentos a los escritores-cineastas y los relatos fílmico-literarios", *ARBOR: Ciencia, Pensamiento y Cultura*, CLXXXVI 741, 5–23, 2010.

–, *De la literatura al cine: Teoría y análisis de la adaptación*, Barcelona: Paidós, 2000.

Sanders, Julie, *Adaptation and Appropriation*, New York: Routledge, 2005.

Shakespeare, William, *Hamlet*, Londres: Penguin Books, 2001.

Shavit, Zohar, "The Ambivalent Status of Texts: the Case of Children's Literature", *Poetics Today*, vol. I, 3, 75–86, 1980.

116   Bibliografía general

Shelton, John, Lawrence y Robert Jewett, *The Myth of American Superhero*, Eermans: Michigan, 2002.

Smith, John, *The Generall Historie of Virginia, New-England, and the Summer Isles*, Londres: Michael Sparks, 1624.

Snell-Hornby, Mary, "On Models and Structures and Target Text Cultures: Methods of Assessing Literary Translation", en Marco Borillo, Josep (ed.), *La Traducció Literaria*, "Estudis sobre la traducció 2", Castelló de la Plana: Publicacions de la Universitat Jaume I, 43–58, 1995.

Spiegel, Alan, *Fiction and the Camera Eye: Visual Consciousness in Film and the Modern Novel*, Charlottesville: University of Virginia Press, 1975.

Tabernero Sala, Rosa, *Nuevas y viejas formas de contar. El discurso narrativo infantil en los umbrales del siglo XXI*, Zaragoza: Prensas universitarias de Zaragoza, 2005.

Taylor, Neil, "National and Racial Stereotypes in Shakespeare Films", en Jackson, Russell (ed.), *The Cambridge Companion to Shakespeare on Film*, Cambridge: Cambridge UP, 261–273, 2000.

–, "The Films of Hamlet", en Davies, Anthony y Stanley Wells (eds.), *Shakespeare and the Moving Image. The Plays on Film and Television*, Cambridge: Cambridge U.P., 180–195, 1994.

Toury, Gideon, *Descriptive Translation Studies and Beyond*, Amsterdam & Philadelphia: Benjamins, 1995.

–, *In Search of a Theory of Translation*, Tel Aviv: The Porter Institute for Poetics and Semiotics/Tel Aviv University, 1980.

Valero Garcés, Carmen, "La traducción del comic: retos, estrategias y resultados", *Babel-Afial* 8, 117–138, 1999.

Vázquez Freire, Miguel, "Invención da infancia e literatura infantil", *GRIAL*, 105, 65–76, 1990.

Vázquez García, Celia, "*Pocahontas* de Garnett y *Pocahontas* de Disney: dos percepciones diferentes de un mundo nuevo", en Ruzicka, Veljka (ed.), *Diálogos intertextuales 1: Pocahontas*, Frankfurt y Main: Peter Lang, 25–54, 2008.

Vogler, Christopher, *The Writer's Journey. Mythic Structure for Writers*, New York: Michael Wieser, 1992.

Ward, Annalee R., *Mouse morality: the rhetoric of Disney animated film*, Austin: U. of Texas Press, 2002.

Wickstrom, Maurya, "Commodities, Mimesis, and *The Lion King*: Retail Theatre for the 1990s", *Theatre Journal*, 51, 3, 285–298, 1999.

Winkler, Martin (ed.), *Classical Myth and Culture in the Cinema*, Oxford: Oxford University Press, 2001.

Yasumoto, Seiko, "From whence does popular culture emanate and how is it remade? *Junguru taitei* or *Lion* King". [En línea: http://arts.monash.edu.au/mai/asaa/seikoyasumoto.pdf], 2008.

Zabalbeascoa, Patrick, "Contenidos para adultos en el género infantil: el caso del doblaje de Walt Disney", en Ruzicka, Veljka; Celia Vázquez García y Lourdes Lorenzo García (eds.), *Literatura infantil y juvenil. Tendencias actuales en investigación*, Vigo: Universidad de Vigo, 19–30, 2000.

Sobre los autores

Anxo Abuín González

Profesor de Literatura Comparada en la Universidad de Santiago de Compostela. Ha participado en diversos proyectos de investigación, el último de ellos sobre una "Historia comparada de la Península Ibérica", cuyos resultados se han visto publicados en 2010 (John Benjamins, Amsterdam). Es Premio Valle-Inclán de Investigación (2007) por el ensayo *La palabra en los ojos o el alfabeto en movimiento: Valle-Inclán desde la estética del silencio* (Cátedra Valle-Inclán, Santiago, en prensa). Entre sus libros destacan: *El narrador en el teatro. La mediación como procedimiento en el discurso teatral del siglo XX* (1997, Universidad de Santiago, Santiago de Compostela), *Teoría del hipertexto* (2006, Arco, Madrid) y *Escenarios del caos. Entre la hipertextualidad y la performance en la era electrónica* (2006, Tirant lo Blanch, Valencia). Desde 2009 dirige el proyecto de investigación *La literatura electrónica en España. Inventario y estudio* (Proyecto le.es).

Mercedes Ariza

Licenciada en Traducción e Interpretación por la Universidad de Bolonia (Italia), posee el Certificado de Estudios Avanzados (DEA) otorgado por la Universidad de Valladolid (2010) y, actualmente, está matriculada en el Programa de Doctorado en "Lingüística y sus aplicaciones" (Universidad de Vigo) con un proyecto de tesis sobre el trasvase al gallego, catalán, inglés e italiano de la película española *Donkey Xote* (2007), bajo la dirección de Lourdes Lorenzo García. Ha impartido docencia de español, traducción e interpretación en las Universidades de Bolonia, Macerata y Urbino, donde actualmente trabaja. Sus líneas de investigación incluyen, entre otras, la enseñanza y adquisición de ELE, la literatura infantil y juvenil, la traducción audiovisual y poética.

Patricia Fra López

Profesora Titular de literatura norteamericana en el Departamento de Fi-
loloxía Inglesa de la Universidad de Santiago de Compostela, donde ha
desarrollado su investigación en el campo de las relaciones entre literatura
norteamericana y cine, como muestran los proyectos de investigación en los
que ha participado tanto como directora ("Visiones del Sur de los EEUU en
el cine y en la literatura", 2003–2007; "Edith Wharton: Back to Compostela/
Regreso a Compostela", 2009–2010) o como colaboradora ("El movimiento
por los derechos civiles en la ficción y el teatro de los Estados Unidos",
2010–2013). Además ha publicado libros como *Cine y literatura en Francis
Scott Fitzgerald: del texto literario al guión cinematográfico* (USC, 2002a),
o *Edith Wharton: Back to Compostela/Regreso a Compostela. La mujer,
la escritora, el Camino* (USC 2011). Ha coeditado, entre otros volúmenes,
un número monográfico del *Boletín Galego de Literatura* (n° 27, 2002b)
titulado *Literatura e cinema*, y ha publicado artículos y capítulos de libros
sobre importantes autores norteamericanos del siglo XX, como F. Scott
Fitzgerald, Ernest Hemingway, John Steinbeck o Edith Wharton y su relación con el cine.

Luis Alberto Iglesias Gómez

Doctor y licenciado en Traducción por la Universidad de Salamanca, graduado
en Ciencias Empresariales por ICADE y Máster en Economía por la Universidad Rey Juan Carlos. El profesor Iglesias ha enseñado lenguas modernas y
traducción en IE Universidad y en la Universidad de Salamanca. También es
profesor de oratoria y trabaja como traductor independiente e intérprete de
conferencias. Traductor al español y al inglés de más de veinte obras especializadas que van desde la economía a las artes escénicas, el profesor Iglesias
también es autor de varios artículos académicos sobre traducción audiovisual
recogidos en publicaciones especializadas. Su trabajo ha merecido varias be-
cas y distinciones de instituciones públicas y privadas como la Foundation for
Economic Education, la Universidad de Salamanca, la Università degli Studi
di Milano y la Consejería de Cultura de la Junta de Castilla y León. En la
actualidad, prepara su tesis doctoral en Economía sobre los efectos sociales y
económicos de las políticas lingüísticas en España.

Beatriz Mª Rodríguez Rodríguez

Profesora del Departamento de Traducción y Lingüística de la Universidad de Vigo y doctora por la Universidad de Santiago de Compostela (2003). Ha publicado el libro *Literary Translation Quality Assessment* (2007) y ha coeditado el volumen *Literatura Infantil y Juvenil e Identidades. Literatura para a infância e xuventude e identidades* (2012). Sus principales líneas de investigación se centran en la crítica y evaluación de traducciones literarias, la didáctica de la traducción literaria y la traducción de la literatura infantil y juvenil. Es miembro del grupo de investigación "Literatura infantil e xuvenil angloxermana e a súa traducción" de la Universidad de Vigo dirigido por la Dra. Veljka Ruzicka Kenfel. Ha participado en varios proyectos de investigación, entre los que destaca "Traducciones/adaptaciones literarias y audiovisuales de *El Quijote* para niños y jóvenes en los sistemas lingüístico-culturales de Europa (I)" cuya investigadora principal es la Dra. Lourdes Lorenzo García.